COMO DECIFRAR
MENTES

COMO DECIFRAR MENTES

DAVID J. LIEBERMAN, Ph.D.

SEXTANTE

Título original: *Mindreader*
Copyright © 2022 por David J. Lieberman
Copyright da tradução © 2023 por GMT Editores Ltda.

Publicado mediante acordo com Rodale Books, selo da Random House, uma divisão da Penguin Random House, LLC.

Todos os direitos reservados. Nenhuma parte deste livro pode ser utilizada ou reproduzida sob quaisquer meios existentes sem autorização por escrito dos editores.

tradução: Bruno Fiuza
preparo de originais: Pedro Siqueira
revisão: Luis Américo Costa e Priscila Cerqueira
diagramação: Valéria Teixeira
capa: Pete Garceau
adaptação de capa: Ana Paula Daudt Brandão
imagem de capa: arthobbit/iStock
impressão e acabamento: Lis Gráfica e Editora Ltda.

CIP-BRASIL. CATALOGAÇÃO NA PUBLICAÇÃO
SINDICATO NACIONAL DOS EDITORES DE LIVROS, RJ

L681c

Lieberman, David J.
    Como decifrar mentes / David J. Lieberman ; tradução Bruno Fiuza. - 1. ed. - Rio de Janeiro : Sextante, 2023.
    256 p. ; 21 cm.

    Tradução de: Mindreader : find out what people really think, what they really want, and who they really are
    ISBN 978-65-5564-712-9

    1. Psicolinguística. 2. Linguagem corporal. 3. Decepção. 4. Veracidade e falsidade. 5. Comunicação interpessoal - Aspectos psicológicos. I. Fiuza, Bruno. II. Título.

23-85630
    CDD: 401.9
    CDU: 159.925:81'23

Meri Gleice Rodrigues de Souza - Bibliotecária - CRB-7/6439

Todos os direitos reservados, no Brasil, por
GMT Editores Ltda.
Rua Voluntários da Pátria, 45 – 14.º andar – Botafogo
22270-000 – Rio de Janeiro – RJ
Tel.: (21) 2538-4100
E-mail: atendimento@sextante.com.br
www.sextante.com.br

SUMÁRIO

INTRODUÇÃO 7

PARTE UM Revelações inconscientes 13
   1 O que as pessoas *de fato* pensam 14
   2 Como uma pessoa enxerga os outros e o que sente em relação a eles 25
   3 Contatos imediatos 34
   4 Relações e poder 41
   5 Lendo o clima 50

PARTE DOIS O detector de mentiras humano 65
   6 Analisando a honestidade e a integridade 66
   7 A arte de ler um blefe 76
   8 Inventando histórias: álibis e papos furados 86
   9 Os truques na manga 100

PARTE TRÊS Tirando um instantâneo psicológico 111
   10 Uma espiada na personalidade e na saúde mental 112
   11 Identidade narrativa: como ler corações e mentes 127
   12 Ativando a linha defensiva 136
   13 O significado dos valores 145
   14 O fator resiliência 151

PARTE QUATRO **Como elaborar um perfil psicológico** 159

    15 Em busca da sanidade   160
    16 A psicologia da autoestima   173
    17 Desmascarando os transtornos de personalidade   182
    18 Reflexos dos relacionamentos   190
    19 Os altos e baixos (e médios) do sofrimento   201
    20 Quando prestar atenção: alerta vermelho e indícios preocupantes   215

CONCLUSÃO   O que fazer com o que sabemos   223

AGRADECIMENTOS   225

NOTAS   227

INTRODUÇÃO

Há trinta anos venho transformando insights psicológicos sobre a natureza humana em estratégias para as pessoas melhorarem sua qualidade de vida e seus relacionamentos. Em 1998 escrevi um livro chamado *Never Be Lied to Again* (Nunca mais seja enganado), que apresenta técnicas desenvolvidas especificamente para ajudar as pessoas a detectar mentiras em seu dia a dia. Quase uma década depois, escrevi *You Can Read Anyone* (Você pode ler qualquer pessoa), uma continuação do livro anterior que trouxe novidades à ciência de decifrar o comportamento humano. Agora, mais de uma década depois, graças a pesquisas emergentes no campo da psicolinguística, da neurociência e das ciências cognitivo-comportamentais, este novo livro oferece um salto quântico. Aqui apresento os métodos mais avançados que existem na elaboração do perfil de pessoas, que vão proporcionar a você habilidades quase telepáticas. Em qualquer situação – de uma conversa casual a uma negociação importante –, você vai desvendar o que as pessoas realmente pensam e sentem, independentemente do que estejam dizendo. Vai ficar a par do que está no fundo do inconsciente delas, mesmo que elas próprias estejam em negação, sem vontade (ou capacidade) de entrar em contato com seus pensamentos, sentimentos e medos em um nível consciente.

Como decifrar mentes cobre um terreno totalmente inédito e recorre muito pouco à leitura de sinais de linguagem corporal antiquados e desatualizados. Diversos especialistas, por exemplo, afirmam que braços e pernas cruzados indicam uma postura defensiva ou divergente. Embora não esteja tecnicamente errada, essa interpretação será enganosa se seu interlocutor estiver sentado em uma cadeira sem apoio para os braços em um ambiente frio. E, sim, pouco ou nenhum contato visual direto é um sinal clássico de falsidade, mas os impostores já sabem disso, então, a menos que seu alvo seja uma criança de 5 anos pega no flagra assaltando a geladeira, você vai precisar de táticas mais sofisticadas. De uma perspectiva mais assustadora, como você lê com exatidão um psicótico que acredita nas próprias mentiras? Ou um sociopata que olha no fundo dos seus olhos e jura de pés juntos, sobre uma pilha de Bíblias, que está dizendo a verdade?[1]

Hoje em dia também podemos ir muito além das estratégias estereotipadas de leitura de pessoas que supostamente proporcionam insights fascinantes da psique delas com base em observações superficiais da indumentária. Um pingente religioso é reflexo de valores espirituais arraigados? Não necessariamente. Talvez a pessoa o esteja usando para aliviar a culpa por viver na contramão desses princípios éticos, ou talvez ela o use por motivos sentimentais, porque pertenceu à avó. Um terno elegante e sapatos bem engraxados indicam ambição e uma calça de moletom é sinal de preguiça? De jeito nenhum. Uma pessoa pode se vestir casualmente porque se sente confortável na própria pele e não se importa com o que os outros pensam, ou então pode ser que ela seja extremamente insegura mas queira passar a impressão de que não está nem aí.

Outro exemplo clássico é fazer suposições exageradas com base em um único comportamento. E isso não faz sentido. Só porque seu amigo está sempre atrasado não significa que ele seja indiferente. Talvez ele seja perfeccionista e precise que tudo esteja no lugar certo antes de sair. Talvez experimente uma descarga de adrenalina ao esperar até o último minuto. Talvez a mãe dele tenha sempre insistido que ele fosse pontual e ele agora esteja liderando uma rebelião inconsciente. Talvez ele seja um pouco aéreo e perca a noção do tempo. Se nos apoiarmos em hipóteses superficiais, as chances de interpretarmos mal as pessoas serão enormes.

Mas então o que funciona *de fato*? As técnicas que ensino aqui são oriundas de várias disciplinas – ensino esses métodos para a Unidade de Análise Comportamental do FBI, para a CIA, para a NSA, para quase todos os ramos das Forças Armadas dos Estados Unidos e para forças policiais do mundo todo. Tudo que você precisa fazer é prestar atenção em alguns elementos-chave, que vão funcionar como uma lupa quase mágica, ampliando o estado de espírito de uma pessoa, seus pensamentos e sentimentos e, o mais importante, seu grau de integridade e de saúde emocional.

O melhor de tudo é que boa parte dessas técnicas funciona sem a necessidade de interagir com a pessoa em questão – muitas vezes basta ouvir uma conversa, uma fala ou uma gravação, como uma mensagem de voz. Ou até mesmo ler um e-mail. A capacidade de ler as pessoas sem precisar vê-las é cada vez mais vital numa época em que filtros e videoconferências podem tornar as expressões faciais e a linguagem corporal completamente inertes.

Nos capítulos a seguir, explico passo a passo como saber exatamente o que alguém está pensando em situações da vida real. Por exemplo, você vai aprender a determinar com precisão se uma pessoa é confiável ou desonesta, se um colega de trabalho é problemático ou simplesmente mal-humorado, ou se um primeiro encontro está indo bem ou mal. E, quando houver muita coisa em jogo (negociações; interrogatórios; questões envolvendo abuso, roubo ou fraude), você vai aprender a poupar tempo, dinheiro, energia e sofrimento ao distinguir quem tem boas intenções de quem não tem.

Se meu trabalho é amplamente utilizado por agentes legais, isso se deve ao fato de as técnicas serem de fácil aplicação e incrivelmente precisas, mas apenas quando empregadas com responsabilidade. Insisto que você não abandone a razão e o bom senso – ou mesmo um relacionamento – devido a uma leitura superficial de dois segundos. É imprudente basear suas suposições a respeito de honestidade, integridade ou das intenções de uma pessoa – menos ainda a respeito da saúde emocional dela – em uma observação apressada ou em uma interação fugaz.

Ao longo deste livro, às vezes uma única frase será usada para ilustrar um exemplo relacionado à psicologia. Na vida real, é prudente recolher mais amostras, sejam elas faladas ou escritas, antes de tirar qualquer conclusão. Como vamos ver, uma única referência casual pode não significar nada, mas um padrão sintático recorrente revela tudo.[2]

Quando houver muita coisa em jogo, dedique um tempo a criar um perfil confiável. Embora este livro seja dividido em várias partes e capítulos, os métodos que busco ensinar em cada um foram projetados de modo a se somar aos já ensinados e devem ser incluídos no processo para aprimorar sua avaliação geral.

À medida que você for aprendendo mais sobre os outros, minha expectativa é que aprenda também mais sobre si mesmo e que, desenvolvendo a autoconsciência, tenha a oportunidade de melhorar sua saúde emocional, sua vida e seus relacionamentos. Ao adquirir a capacidade de saber o que uma pessoa está pensando e querendo de fato e quem ela é de verdade, você terá vantagem prévia em cada conversa e cada situação, bem como na vida em si. Aproveite-a.

MESA DE PÔQUER

O pôquer é, em vários aspectos, um laboratório psicológico do comportamento humano, servindo como uma maravilhosa metáfora da vida real ao permitir que determinadas táticas sejam empregadas para ler pessoas. Mesmo que não esteja familiarizado com esse jogo, acredito que você vai gostar dos insights e das aplicações práticas deste livro.

PARTE UM

Revelações inconscientes

Seja numa conversa casual ou numa negociação importante, você vai desvendar o que as pessoas realmente pensam e sentem. Vai ficar a par do que está no inconsciente delas – mesmo que elas próprias estejam em negação, não queiram ou não possam entrar em contato com seus pensamentos, sentimentos e medos em um nível consciente. Descubra o que as pessoas realmente pensam sobre você e quanto poder e controle acreditam ter nos relacionamentos delas, tanto pessoais quanto profissionais.

1
O que as pessoas *de fato* pensam

Ao prestar atenção não apenas no que as pessoas falam, mas também em *como* elas falam – o padrão linguístico e a estrutura das frases –, você será capaz de descobrir o que realmente se passa na cabeça delas. Para demonstrar como isso funciona, vamos começar com uma aula de gramática rápida e indolor.

Um pronome pessoal, no sentido gramatical, está associado a determinado indivíduo ou grupo de indivíduos; ele pode ser reto ou oblíquo, dependendo do uso. E associados às pessoas do discurso há também os pronomes possessivos.

Quando falamos de uma ou mais pessoas, existem três perspectivas distintas. Veja alguns exemplos:

Primeira pessoa: *eu, mim, meu, minha; nós, nosso, nossa, nossos...*
Segunda pessoa: *tu, teu, tua (você, seu, sua); vós (vocês), vosso, vossa, vossos (seus)...*
Terceira pessoa: *ele, ela, eles, elas, seu, sua, seus, suas (dele, dela, deles, delas)*

Superficialmente, pode-se dizer que o pronome está relacionado ao nome, podendo substituí-lo para que a frase não fique repetitiva.

Mas, do ponto de vista psicolinguístico, os pronomes podem revelar se alguém está tentando se distanciar ou mesmo se apartar completamente das próprias palavras. Da mesma forma que um mentiroso nada sofisticado pode desviar o olhar porque o contato visual estimula a intimidade e uma pessoa que está mentindo costuma experimentar algum grau de culpa, quem faz uma afirmação falsa muitas vezes procura inconscientemente se distanciar das próprias palavras. Os pronomes *eu*, *mim* e *meu*, por exemplo, indicam que uma pessoa está comprometida, que confia no que está dizendo. A omissão de pronomes pessoais e possessivos pode ser sinal de relutância em assumir responsabilidade pelas próprias palavras. Vejamos um exemplo do dia a dia: fazer um elogio. Uma mulher que acredita no que está dizendo é mais propensa a se colocar como sujeito, ainda que o pronome esteja implícito. Por exemplo: "(Eu) gostei muito da sua apresentação" ou "(Eu) adorei o que você disse na reunião". Por outro lado, uma pessoa que oferece elogios insinceros pode optar por dizer "Boa apresentação" ou "Parece que você pesquisou bastante". No segundo caso, ela se retirou completamente da equação. Agentes policiais estão bem familiarizados com esse princípio e percebem quando as pessoas fazem um boletim de ocorrência relatando o falso roubo de um carro, porque normalmente se referem ao veículo como "o carro", ou "aquele carro", e não "o meu carro" ou "o nosso carro". Claro, não se pode avaliar a honestidade de uma pessoa com base em uma única frase, mas é uma primeira pista.

Da mesma forma que um mentiroso nada sofisticado pode desviar o olhar porque o contato visual estimula a intimidade e uma pessoa que está mentindo costuma experimentar algum grau de culpa, quem faz uma afirmação falsa muitas vezes procura inconscientemente se distanciar das próprias palavras.

UM COADJUVANTE AFASTADO

Mesmo quando um pronome pessoal está presente, uma mudança da voz *ativa* para a voz *passiva* pode significar falta de sinceridade. A voz ativa é mais forte e mais diretamente interativa e revela que o sujeito (a pessoa ou pessoas, nos nossos exemplos) é o agente da ação verbal. Na voz passiva, a pessoa em questão é receptora da ação de outro sujeito.

Por exemplo, "Eu dei a caneta para ela" está na voz ativa, enquanto "A caneta foi dada a ela por mim" usa a voz passiva. Observe a mudança na construção da frase e como isso reduz sutilmente a responsabilidade de quem fala. Digamos que dois irmãos estejam brincando e o mais novo começa a chorar. Na maioria das vezes, quando a mãe ou o pai pergunta o porquê de a criança estar chorando, o irmão mais velho diz que é porque "ele caiu", "ele se machucou" ou "ele bateu a cabeça". Uma criança raramente diz: "Eu fiz (ação A) que causou (consequência B)." É mesmo raro que uma criança (apesar do típico egocentrismo dessa fase) assuma a responsabilidade e diga "Eu o empurrei e ele bateu a cabeça na parede" ou "Eu deveria ter tido mais cuidado quando ele subiu nas minhas costas".

Vejamos isso em outro contexto. Em um estudo intitulado "Words That Cost You the Job Interview" (Palavras que podem acabar com a sua entrevista de emprego), pesquisadores avaliaram a linguagem utilizada por centenas de milhares de candidatos a empregos durante uma entrevista. Com base apenas nos padrões de linguagem, eles dividiram esses candidatos entre os de baixo desempenho e os de alto desempenho.[1] O que eles descobriram foi:

- As respostas dos candidatos de alto desempenho continham aproximadamente 60% mais pronomes de primeira pessoa (por exemplo, *eu, meu, nós*).

- As respostas dos de baixo desempenho continham cerca de 400% mais pronomes de segunda pessoa (por exemplo, *você, seu*).
- As respostas dos de baixo desempenho continham cerca de 90% mais pronomes de terceira pessoa (por exemplo, *ele, ela, eles*).

Os candidatos de alto desempenho se colocam à frente e no centro da ação porque podem recorrer a experiências reais. Os de baixo desempenho, não. Eles não podem fazer isso. São mais propensos a dar respostas abstratas ou hipotéticas, porque não têm experiência nem êxitos no mundo real.[2]

Linguagem de alto desempenho: "Ligo para os meus clientes todos os meses para ver como eles estão." Ou: "Eu fazia 200 ligações por dia na ABC Ltda."

Linguagem de baixo desempenho: "Os clientes devem ser contatados regularmente." Ou: "As pessoas devem sempre ligar para os clientes e pedir que eles digam…"

Quando você se afasta da ação de fato, envia uma mensagem oculta (talvez até de si mesmo). Imagine que você tenha perguntado a uma criança sobre o primeiro dia dela na colônia de férias e observe a seguir como a mesma sequência de atividades revela duas impressões diferentes acerca da experiência: a primeira, mais entusiasmada, e a segunda, desanimada.

Resposta A: "Eu tomei café da manhã, aí a gente foi pro parque brincar no balanço, depois fui nadar."
Resposta B: "Primeiro teve o café da manhã, depois levaram a gente pro parque, pra brincar no balanço, até a hora de ir pra piscina."

O uso da voz passiva ou a ausência de pronomes também suaviza uma mensagem que pode ser mal recebida ou vista como afronta. Por exemplo, alguém pode dizer com entusiasmo: "[Nós] ganhamos o jogo!", mas não "O jogo foi ganho [por nós]", porque a voz ativa e o pronome pessoal sinalizam que a pessoa tem participação na mensagem, indicando assim prazer e orgulho. Da mesma forma, políticos tendem a formular confissões ou pedidos de desculpas relutantes de modo a diluir a responsabilidade direta, incluindo pérolas como "Erros foram cometidos", "A verdade teve que ser encoberta" e "O povo merece coisa melhor". A construção da frase também dá pistas sobre o caráter de quem fala. Quando uma costureira diz "Eu cometi um erro na bainha" em vez de dizer "Um erro foi cometido", podemos supor que ela age com um grau maior de honestidade e integridade.[3]

O grande divisor

A linguagem de distanciamento se apresenta de diversas formas. Dê uma olhada nos seguintes pares de frases e preste atenção em quais lhe parecem mais autênticas.

"Estou tomado de espanto" *versus* "Estou espantado"
"Estou repleto de orgulho neste momento" *versus* "Estou muito orgulhoso"
"Eu, pessoalmente, estou feliz" *versus* "Estou muito feliz"
"Sou um grande admirador seu" *versus* "Eu te admiro muito"

As primeiras frases são todas tentativas de imprimir uma intensidade emocional à mensagem, mas não conseguem convencer o observador perspicaz devido a dois indícios linguísticos.

Primeiro, o fato de que um estado emocional elevado está associado a estruturas gramaticais mais simples, não mais floreadas. Frases sinceras e carregadas de emoção são curtas e diretas. Pense em "Socorro!" ou "Eu te amo". Segundo, porque o falante cria um distanciamento entre si (o "eu") e o sentimento expresso. Qual destas afirmações soa mais verossímil?

> **Declaração A:** "Estou muito feliz por minha esposa ter sido encontrada com vida. Sou grato a toda a equipe de resgate."
>
> **Declaração B:** "Eu, pessoalmente, estou muito feliz por minha esposa ter sido encontrada com vida. Gostaria de expressar gratidão a toda a equipe de resgate."

A declaração A soa sincera, enquanto a B parece um release de imprensa. A segunda afirmação não é preocupante se o falante tiver tido tempo para se recompor e organizar os pensamentos. No entanto, uma pessoa em uma situação improvisada e com alta carga emocional deve exibir um padrão de linguagem mais semelhante ao da declaração A.

Em momentos assim, clichês e metáforas também são altamente suspeitos. Uma pessoa que os emprega com o intuito de se mostrar emocionada está tentando transmitir de forma burocrática um sentimento que não é verdadeiro. Fabricar emoções exige muita energia mental, de modo que a pessoa se vale de frases feitas. Por exemplo, pergunte a qualquer vítima de trauma sobre o que aconteceu e você não vai ouvir uma citação nietzschiana como "Viver é sofrer, sobreviver é encontrar algum significado no sofrimento", nem um clichê como "A vida é cheia de altos e baixos".

É claro que, com o passar do tempo e uma mudança de perspectiva, podemos adotar uma visão mais filosófica. No entanto, ninguém nunca vai sintetizar uma circunstância de alta carga emocional repetindo uma citação popular do Pinterest sobre a beleza do sofrimento. Da mesma forma, se alguém disser que uma experiência traumática está "gravada para sempre na minha amígdala" (memórias carregadas de emoções são armazenadas nessa parte do cérebro), isso cheira a falta de autenticidade. É preciso haver coerência emocional.

Pesquisas aprofundadas sobre apelos públicos reais de ajuda para encontrar parentes desaparecidos descobriram que os pedidos genuínos continham mais expressões verbais de esperança de encontrar a pessoa desaparecida com vida e emoções mais positivas em relação ao parente, e uma relutância no emprego de expressões mais duras.[4] Em suma, as súplicas são ricas em emoções à flor da pele e em otimismo em vez de frases feitas e clichês salpicados de negatividade.

Empregando eufemismos

Couro sintético não é nada mais do que plástico. Fabricantes não nomeiam seus produtos como propaganda enganosa propriamente dita, mas para alterar percepções. Afinal de contas, há palavras que possuem conotações negativas inescapáveis. Eufemismos podem ajudar a atenuar o impacto emocional. É por isso que bons vendedores não vão dizer para você "assinar o contrato", mas sugerir que você "aprove a papelada". Embora ambas as frases indiquem a mesma ação, está arraigada em nós a ideia de que devemos ser cautelosos ao assinar um contrato e pedir a um advogado que o revise antes. Mas aprovar a papelada é algo que qualquer um pode fazer sem se preocupar, certo?

Um interrogador habilidoso sabe evitar frases ou palavras fortes – como *roubo, assassinato, mentira, confissão* – e deixar de lado expressões que o coloquem em confronto com o interrogado. Por exemplo, em vez de fazer uma exigência como "Pare de mentir e me conte logo a verdade", eles dizem "Vamos ouvir a história inteira" ou "Vamos tirar isso a limpo, pelo bem de todos".

Políticos conhecem melhor do que a maioria das pessoas o poder que as palavras têm de influenciar posturas e comportamentos. Durante uma ação militar, preferimos ouvir falar de "danos colaterais" a ser informados de que civis foram mortos acidentalmente, assim como não ficamos tão perturbados ao ouvir falar de "fogo amigo" quanto ficaríamos ao saber que nossos soldados atiraram uns nos outros. E, ao assistir ao noticiário pela manhã, ficamos menos tocados ao ouvir falar das "baixas" do que ficaríamos se o repórter usasse a palavra *mortes*.

Em nosso dia a dia, fazemos a mesma coisa: às vezes nos referimos ao banheiro como toalete ou lavabo. Preferimos dizer à seguradora que houve um "incidente" em vez de usar a palavra *colisão*. E, é claro, muitas vezes a empresa prefere dizer ao funcionário que está havendo "cortes" ou uma "reestruturação" a falar em "demissão".

O emprego de um eufemismo nos informa que o indivíduo quer atenuar ou mascarar a franqueza e pode estar (a) tentando minimizar seu pedido ou suas atitudes, (b) procurando evitar que sua mensagem seja mal recebida, (c) buscando não ficar desconfortável com o assunto ou (d) qualquer combinação das anteriores.

Aqui e aí

O esforço inconsciente de uma pessoa para se associar – com seu interlocutor, com o conteúdo de sua mensagem ou com o objeto dela – também pode se revelar no uso da chamada *proximidade espacial*.⁵ Palavras como *este(s)*, *esse(s)*, e *aquele(s)*, *esta(s)*, *essa(s)* e *aquela(s)* indicam onde uma pessoa ou um objeto se encontram em relação ao falante. Essas palavras também são indícios de distanciamento emocional. Muitas vezes usamos a proximidade espacial para nos referirmos a alguém ou alguma coisa de quem ou de que temos uma impressão positiva e com que desejamos estar associados (por exemplo, "*Esta* é uma ideia interessante" ou "Temos *aqui* uma ideia interessante"). É importante ressaltar que o oposto disso não significa nada. Um colega que diz "Temos *aí* uma ideia interessante" não está obrigatoriamente fingindo entusiasmo. A linguagem que reflete proximidade e conexão está relacionada aos sentimentos da pessoa, mas não devemos presumir que haja um paralelo com a linguagem distanciadora.

Há muitos pormenores psicológicos, porque a linguagem distanciadora pode indicar um mecanismo de defesa psicológica chamado justamente de *dissociação*. Em um ambiente terapêutico, por exemplo, o psicanalista atento está ciente de que, quando um paciente costuma evitar ou omitir pronomes pessoais, pode estar tentando afastar a intimidade, a franqueza ou a responsabilidade.⁶ Esteja atento ao uso de "a gente" ou "nós", ainda que implícito, e a orações com sujeito indeterminado. Embora muitas vezes se refira a um contexto universal que se aplica a todo mundo ("A gente deve/ Nós devemos/ Deve-se sempre dizer por favor e obrigado"), o uso de *a gente* ou de *nós* quando alguém está falando de si mesmo é sinal de desconforto emocional. Por exemplo, imagine que um gerente tenha dito a um funcionário que cuidasse melhor do fluxo de trabalho e não deixasse questões importantes para serem tratadas em cima da hora. Considere duas respostas possíveis:

Resposta A: "Eu sei, mas nem sempre consigo prever o que vai acontecer."

Resposta B: "Olha, a gente não tem como prever o que vai acontecer."

Embora nenhuma das duas respostas se dobre à reprimenda, a segunda se esquiva completamente dela, porque o funcionário diz que prever o que pode acontecer é um problema universal em vez de admitir sua falha no gerenciamento do tempo. No Capítulo 12 você vai aprender a identificar quando uma conversa toca em um ponto emocional sensível e a diferenciar a pessoa que está mentindo para você daquela que está mentindo para si mesma.

MESA DE PÔQUER

Vários estudos fascinantes descobriram que as pessoas associam inconscientemente seu lado dominante (como o fato de serem destras ou canhotas) à positividade e ao otimismo e associam o lado não dominante a ideias e suposições mais negativas. Aparentemente, a ligação entre *bom* e *dominante* se estende à maior parte das áreas da nossa vida.[7] (Para determinar a mão dominante, observe como as pessoas pegam os objetos que são oferecidos a elas.) Em minha pesquisa, descobri que, na maioria das vezes, um jogador que está blefando coloca as fichas no centro da mesa usando a mão não dominante. Embora não seja uma regra, isso é um indicador confiável quando associado a outros sinais.

Este capítulo apresentou apenas os fundamentos linguísticos. Muito mais vai ser incluído no caldeirão gramatical, portanto vou deixar mais uma vez o lembrete de que seria ridículo supor que uma única frase seja prova concreta do que quer que seja. Lembre-se, por exemplo, de que os extrovertidos tendem a associar seu "eu" linguístico a suas preferências (por exemplo, "Achei isso interessante"), ao passo que a avaliação de um introvertido pode ser feita com distanciamento ("Isso é interessante"). Enquanto frase isolada, nenhuma declaração pode ser considerada como mais ou menos crível. Também aprendemos que a voz ativa passa credibilidade, mas que ela pode ser afetada pela ausência de um pronome pessoal. Por exemplo, a frase "Esse livro é fascinante" usa a voz ativa, enquanto "Eu fiquei fascinado por esse livro" usa a voz passiva, mas o uso do "eu" denota maior participação. Fazer a distinção entre mentira e dissociação também é complicado quando se toma por base uma única observação.

À medida que você avançar neste livro, a psicologia vai se tornar mais complexa e as nossas táticas, mais sofisticadas. Está só começando!

2
Como uma pessoa enxerga os outros e o que sente em relação a eles

Agentes policiais sabem que vítimas de crimes violentos, como sequestro ou lesão corporal, raramente usam a palavra *nós*. Em vez disso, elas descrevem os acontecimentos de uma forma que as separe do agressor, referindo-se ao criminoso como "ele" ou "ela" e a si mesmas como "eu". Em vez de dizer, por exemplo, "Nós entramos no carro", as vítimas tendem a descrever essa ação como "Ele me colocou no carro"; e, em vez de dizer "Nós paramos pra abastecer", costumam falar "Ele parou para abastecer". Contar uma história usando *nós*, *nos* e *nosso(s)* pode indicar proximidade psicológica (certamente não esperada em um crime) e sugere que haja associação, relacionamento e talvez até mesmo cooperação.[1]

Podemos observar aplicações benéficas disso no dia a dia. Ao final de um encontro, Jack e Jill estão saindo do restaurante quando Jill pergunta: "Onde nós paramos o carro?" Uma pergunta inocente, mas o uso do *nós* em vez de *você* indica que ela começou a se identificar com Jack e os enxerga como um casal. Perguntar "Onde o *seu* carro está parado?" não necessariamente implica desinteresse se de fato o carro for de Jack, mas transformar *seu* em *nosso* expõe um subtexto de interesse.

Sempre que converso com casais, fico atento a quando a palavra *nós* está visivelmente ausente de qualquer frase. Pesquisas constataram que casais que usam linguagem colaborativa (*nós, nosso, nos,* etc.) com mais frequência do que linguagem individualizada (*eu, mim* e *você,* etc.) têm taxas de divórcio mais baixas e relatam maior satisfação no casamento.[2] Estudos também apontam para uma poderosa correlação entre esse uso de pronomes e a forma como os casais reagem a desentendimentos e crises, podendo prever se eles vão se unir e cooperar ou se vão ficar polarizados, divididos.[3] O uso da segunda pessoa (por exemplo, *você, tu, seu, teu*) pode indicar uma frustração reprimida ou uma agressão direta. Em uma conversa, a pessoa que diz "Você precisa resolver isso" comunica inimizade e uma mentalidade "eu contra você". No entanto, "Precisamos resolver isso" sinaliza uma mentalidade "nós contra o problema", um indicativo de responsabilidade comum e de cooperação.

Você consegue adivinhar qual casamento está pior?

Pessoa A: "Nosso casamento está com problemas."
Pessoa B: "O casamento está com problemas."

A pessoa B não apenas se distancia de seu cônjuge como se dissocia completamente do próprio casamento, que existe como uma entidade alheia a ela. Exemplos não faltam: falar sobre "os meus filhos" em oposição a "os nossos filhos" na presença do cônjuge ou sobre espaços compartilhados como "a minha casa" ou "o meu quarto" nos dá informações sobre a perspectiva da pessoa. Da mesma forma, um pai ou uma mãe transtornados podem perguntar ao cônjuge "Você sabe o que o seu filho fez na escola?" em referência a uma coisa indesejável, enquanto que em uma situação positiva pode soar mais como "Você sabe o que o meu [ou o nosso] filho fez na escola?". Mais uma vez, uma única referência casual não significa nada (e qualquer uma dessas declarações pode sinalizar a raiva ou a frustração de alguém *no momento*, não em relação ao casamento como um todo), mas um padrão sintático consistente revela muito.

As implicações e aplicações da sintaxe também se estendem à arena corporativa. Uma pesquisa descobriu que as empresas a que os funcionários normalmente se referem como "a empresa" ou "aquela empresa" em vez de "minha empresa" ou "nossa empresa", e aos colegas de trabalho principalmente como "eles" em vez de "meus colegas", costumam ter baixa motivação e alta taxa de rotatividade.[4] O mesmo vale para os esportes, É possível identificar por meio da linguagem um torcedor que só aparece quando o time vai bem. Quando o time vence, é normal que diga "Nós ganhamos", mas quando o time perde, vira "Eles perderam", porque, repetindo, o pronome *nós* normalmente é reservado a associações e afiliações positivas.

Uma única referência casual não significa nada, mas um padrão sintático recorrente revela muito.

O REI E EU

Quando uma pessoa apresenta informações, a ordem é relevante. Se alguém menciona pessoas, objetos ou mesmo emoções no que parece ser uma ordem aleatória, que não é coerente com o fluxo da conversa, devemos prestar atenção nessa ordem. Isso normalmente comunica as prioridades inconscientes da pessoa ou indica que ela prefere não debater determinados assuntos.

Talvez você se lembre dessa visão ancestral mas reveladora da natureza humana, tirada de uma história bíblica. Duas mulheres foram até o mais sábio dos homens, o rei Salomão. As duas haviam dado à luz um menino com poucos dias de diferença. Enquanto dormia, uma das mulheres acidentalmente rolou sobre o filho, asfixiando-o. Ela então trocou seu bebê pelo que estava vivo, mas, quando a mãe da criança acordou, percebeu que aquele não era seu filho e teve certeza de que os bebês haviam sido trocados.

Salomão já sabia, graças a uma profecia, quem era a mãe da criança viva, mas queria apresentar suas convicções com uma lógica irrefutável. Ele exclamou: "Uma diz: 'Meu filho é o que está vivo e o teu é o que está morto', e a outra responde: 'Mentira! Teu filho é o que está morto e o meu é o que está vivo."

Então Salomão pediu sua espada e explicou que resolveria a questão dividindo o bebê vivo ao meio. Uma das mulheres gritou: "Não!" Isso, é claro, indicava que ela era a mãe da criança viva. O lendário especialista em detecção de mentiras Avinoam Sapir aponta, oportunamente, que a segunda mulher disse ao rei "O filho dela está morto. O meu está vivo", mas que a primeira mencionou primeiro o próprio filho ("Meu filho está vivo. O dela está morto."), porque seu foco estava no próprio filho – que estava vivo –, portanto ela o priorizou em sua afirmação.[5] Sapir cita outro exemplo, de uma carta enviada à coluna "Dear Abby", na qual Pauline Phillips, sob o pseudônimo Abigail Van Buren, oferecia conselhos às leitoras:

> Uma mulher escreveu contando que seu filho tinha um tipo de problema que seu marido não entendia. Ela queria saber o que poderia fazer para que o marido entendesse. Na carta, entretanto, a mulher mencionava a si mesma, o filho e o cachorro do filho antes de mencionar o marido. E dizia o nome do filho e do cachorro, mas não o do marido. "Ela coloca até o cachorro acima do marido", o que demonstrava

que o verdadeiro problema era entre ela e o marido, e não entre o marido e o filho.[6]

Essa regra geral de observar a ordem dos detalhes se aplica a um amplo espectro de situações e cenários. Por exemplo, quando você pergunta a uma criança sobre os membros da família dela, é possível que ela responda "Minha mãe, meu pai" e depois cite o nome de alguns irmãos. É claro que não devemos presumir que há algo de errado se ela disser "Papai" antes de "Mamãe", listar os irmãos em ordem de idade ou mencionar primeiro as duas irmãs e só depois "o chato" do irmãozinho. Além disso, se o cachorro e o peixinho dourado são mencionados antes da mãe ou do pai, não há motivo para preocupação, principalmente quando se trata de crianças pequenas. No entanto, se um membro da família estiver ausente ou no final da lista, depois de bichos de pelúcia, animais de estimação e afins, talvez seja necessário fazer uma investigação mais a fundo. Para que fique claro, a ordem dos membros da família ou a ausência de um deles não indica que alguma coisa macabra está acontecendo, mas que o relacionamento com ele é diferente do que talvez tivéssemos presumido.

Da mesma forma, quando você pergunta a uma funcionária sobre seu ambiente de trabalho, ela pode falar sobre o "meu supervisor" e depois mencionar alguns dos colegas. Não devemos presumir que algo está errado se ela simplesmente cita um funcionário antes de outro, lista os colegas de acordo com a hierarquia ou menciona primeiro a recepcionista, que é sua cunhada.[7] No entanto, se ela começar a falar sobre a máquina de café expresso e a sala de descanso antes de falar dos colegas ou amigos, isso pode ser indício de uma sensação de isolamento social, distanciamento ou falta de afinidade com as pessoas no local de trabalho e merece uma investigação mais profunda.

Recentemente encontrei um amigo de infância que não via fazia cerca de trinta anos. Após a obrigatória troca de mentiras ("Uau, você está ótimo... não mudou nada"), chegou a hora das fotos. Ele começou a me mostrar uma série de fotos dele e de seu cachorro almoçando no parque, aconchegados na cama e jogando frisbee na praia. A seguir ele passou para as celebridades de quem era "superíntimo", seu dedo deslizando por selfies com seus amigos quase famosos. Dezenas de fotos e uma eternidade depois, ele chegou a uma foto de um adolescente: halteres na mão, sem camisa, sozinho. "Esse é o meu filho, Mark", disse ele sem emoção. Um único movimento de dedo revelou a foto seguinte. "Essa é a minha filha." Ele nem mesmo disse o nome dela. "Ela estuda na Universidade da Califórnia em Los Angeles." Isso foi tudo. Ele não estava presente em nenhuma das fotos dos filhos. Meu velho amigo ainda era casado com a segunda esposa, mas não houve nenhuma menção a ela. Nenhuma foto. Nada sobre ela.

Isso significa que ele não ama a esposa e os filhos? Não. Talvez ele deseje desesperadamente se conectar com a própria família, mas uma série de problemas pessoais ou de circunstâncias desconhecidas complique as coisas. Nesse caso, o relacionamento deles é difícil, de modo que sua afeição é direcionada para o cachorro. Ou talvez ele seja egoísta, completamente autocentrado e não tenha nenhum interesse pela família. Talvez tenha uma autoimagem péssima, exibindo as subcelebridades de quem é amigo. Não temos como saber, com base apenas nessa breve interação, mas podemos afirmar com segurança que o relacionamento dele com a esposa e os filhos não é um mar de rosas, e isso é uma coisa que ele nunca teve a intenção de me revelar.

Tudo que foi dito antes é válido para conversas imprevistas e situações em que nada é premeditado. Em casos delicados (como uma negociação ou uma mediação), é pouco provável que um profissional experiente verbalize de imediato seus verdadeiros interesses, para não perder poder de barganha. Perceber, portanto, que uma pessoa ignora por completo algo que supostamente chamaria sua atenção (o elefante no meio da sala) nos mostra que talvez isso seja algo que *de fato* a interessa.

    Muitos anos atrás, convidei um marchand para ir até minha casa ver cinco quadros que eu havia recebido de herança de minha tia-avó. Eu não tinha feito minha devida análise, pois o sujeito era "amigo de um amigo de um amigo". Depois de olhar para os quadros em silêncio por alguns minutos, ele ligou para alguém e depois me disse alguma coisa assim: "Para ser sincero, não tem muita coisa aqui. Talvez esse [apontando para um dos quadros] valha algumas centenas de dólares, mas posso colocar todos na seção de ofertas da minha galeria e eles vão render alguns milhares de dólares. Que tal se eu lhe der 3 mil por tudo?" Bom, eu não entendo muito de arte. Quer dizer, não entendo *nada* de arte. Mas entendo da natureza humana, e reparei que ele havia ignorado completamente uma pequena pintura. Achei isso curioso, porque ele olhou para todos os outros quadros por pelo menos dois segundos, mesmo aqueles que depois afirmou não valerem nada.

    Recusei a oferta e agradeci a visita dele. O homem subiu a oferta. Eu recusei. Ele subiu mais uma vez. Depois de mais algumas rodadas e várias ofertas "finais", ficou claro que ele não era confiável. Ele não ficou muito contente. Então liguei para um avaliador de arte profissional. No fim das contas, enquanto quatro das cinco pinturas – incluindo a que o marchand disse que valia alguma coisa – não valiam nem a tela em que haviam sido pintadas, a pequena pintura que ele ignorou valia aproximadamente sete vezes a oferta "final" dele.

REPRESENTAÇÃO SIMBÓLICA

Uma mulher que acabou de ser mãe está dobrando as roupas de seu bebê. Conforme pega cada peça tão pequena, comprada com amor, e passa a mão sobre o tecido, dá um sorriso. Ela empilha a roupa limpa com cuidado e a coloca na gaveta da cômoda do bebê. Com um pequeno suspiro de satisfação, ela contempla seu trabalho e fecha a gaveta.

Por meio da felicidade com que executa essa tediosa tarefa, a mãe revela o que está em seu coração: ela adora seu bebê. Sabemos disso porque ela manuseia as peças de roupa com muito amor e carinho. De forma análoga, uma pessoa pode adorar um item que pertenceu aos pais ou avós queridos; o objeto em si poderia estar melhor na lata de lixo, mas a pessoa o trata como uma herança preciosa. O conceito de representação simbólica, ilustrado por esses exemplos, nos diz que podemos determinar como uma pessoa se sente em relação a alguém observando como ela trata os objetos associados a esse alguém. Na matemática, isso se chama relação transitiva: se A = B e B = C, então A = C. É claro que na psicologia, ao contrário da matemática, essa não é uma regra fixa. Mas é mais uma janela por meio da qual podemos compreender o comportamento dos outros.

A representação simbólica pode proporcionar insights importantes, que seriam difíceis de se obter de maneira mais direta. Por exemplo, uma paciente que se divorciou abruptamente do segundo marido (após um casamento de três meses) estava preocupada com a adaptação da filha à ausência do padrasto. Sugeri a ela que desse um ursinho de pelúcia à filha e dissesse que era um presente dele. Se a criança abraçasse o ursinho e o mantivesse por perto, a mãe poderia supor que ela sentia falta do padrasto. Se, por outro lado, ela não demonstrasse interesse, poderia concluir que a criança tinha pouca ou nenhuma ligação emocional com ele. Se a filha estivesse transtornada – e com raiva do padrasto –, poderia apresentar um comportamento destrutivo em relação ao urso e deixá-lo de lado de forma insensível ou tentar arrancar os olhinhos colados em sua cabeça peluda. Como sempre, não disse que deveríamos tirar uma conclusão definitiva, mas a forma como ela tratasse o ursinho (representativo de seu padrasto) nos mostraria a direção certa.

Todos navegamos no espaço emocional entre nós e os outros por meio de diversos mecanismos linguísticos. Ao simplesmente prestar atenção em pequenas mudanças na linguagem, podemos avaliar se alguém quer chegar mais perto ou se está procurando criar distância de nós ou de outras pessoas. Isso é útil quando queremos descobrir o grau de afinidade em qualquer relacionamento, antigo ou novo. No próximo capítulo vamos aprimorar nossas habilidades com métodos que determinam rapidamente quem está entusiasmado e quem está apático, qualquer que seja a conversa ou o contexto.

3
Contatos imediatos

Todos sabemos o que é completar as frases de outra pessoa. A partir do mesmo ponto de vista, enxergamos as coisas exatamente da mesma forma que essa pessoa; estamos em sintonia. No extremo oposto do espectro, interromper alguém para introduzir uma "conclusão diferente", baseada em nossa perspectiva, é sinal de atrito. A frase *Deixa eu terminar* está presente em muitas conversas desse tipo. Simplificando, quando o ego está envolvido, não queremos deixar que outras pessoas entrem em nosso espaço físico ou emocional e sem dúvida não queremos ser interrompidos.

Em *The Secret Life of Pronouns* (A vida secreta dos pronomes), o psicólogo social e pioneiro linguístico James W. Pennebaker expõe uma rede de correlações entre linguagem, pensamento e personalidade. Ele explica que o uso das chamadas *palavras funcionais* – mesmo por pessoas que acabamos de conhecer – reflete e fortalece uma conexão emocional e indica o desejo do interlocutor de nos deixar entrar em seu espaço e aumentar nossa sincronia emocional.[1] Uma pesquisa descobriu que o aumento do uso de palavras funcionais é um indicador positivo de resultados mutuamente bem-sucedidos em quase qualquer área, desde a afinidade de um grupo de trabalho até a resolução pacífica de uma negociação de reféns.[2]

Para explicar melhor como isso funciona, é hora de outra rápida lição de gramática.

Existem duas classes de discurso: palavras de conteúdo e palavras funcionais. Palavras de conteúdo são substantivos, verbos, adjetivos e a maioria dos advérbios (por exemplo, *dinheiro, respirar, aprender, alto, lentamente*).[3] Elas comunicam a essência da mensagem – a substância e o conteúdo principal do que está sendo dito. Palavras funcionais, como pronomes, preposições e artigos, são a cola gramatical que proporciona coesão e fluência (por exemplo, *eu, sobre, em, através, no, um, o*). Essas palavras têm pouco ou nenhum significado fora do contexto da frase e demandam um conhecimento compartilhado ou o mesmo quadro de referência para serem compreendidas.[4] Por exemplo, para que a frase "Ele os colocou lá em cima" seja entendida é necessário que emissor e receptor compartilhem de uma mesma perspectiva. Ambos sabem quem é "ele", a que "os" se refere e onde fica "lá".

Por essa razão, uma pessoa com raiva – que não tem nenhum interesse em compartilhar uma experiência, que dirá uma conexão – emprega uma linguagem concreta e inequívoca, porque é *você* contra *ela*. Não existe *nós*. Ou seja, é empregada uma sintaxe objetiva, com sujeito e predicado bem definidos (por exemplo, "Eu disse para você não deixar o cachorro sair do quintal", em vez de "Eu disse para você não deixar ele sair de lá"). O significado da primeira frase é explícito e não depende de um ponto de referência comum.

Quando você era criança e sua mãe o chamava pelo nome completo, você sabia que era mau sinal. Da mesma forma, com nosso cônjuge, quando estamos em maus lençóis, as expressões de afeto são poucas e espaçadas. Entretanto, se a pessoa amada nos chama de "meu bem" ou "meu amor", então provavelmente está tudo bem. Veja as seguintes frases:

Declaração 1: "Lembra que eu pedi para você deixar as chaves lá quando voltasse?"

Declaração 2: "Lembra que eu pedi para você deixar as chaves na cozinha, ao lado da torradeira, assim que voltasse da casa da sua irmã?"

Observe que a primeira frase, rica em palavras funcionais, é menos intensa do que a segunda, que tem mais palavras de conteúdo. Se dita de maneira delicada, a primeira frase muda e pode ser interpretada como um lembrete simpático. Faça o mesmo com a segunda frase e a raiva permanece, com uma intensidade silenciosa, de forma muito parecida com alguém espumando de raiva se esforçando para não explodir.[5]

Vejamos outro exemplo: você está em uma festa no trabalho e um colega muito embriagado aparece e acaricia o seu ombro. Uma reação desenfreada de raiva seria clara e direta (por exemplo, "Tire a mão de mim", "Não quero que você me toque", "Quem falou que você pode encostar em mim?"). O falante não deixa margem para outra interpretação.[6] Uma resposta mais submissa – que reflete a personalidade da pessoa ou uma posição de inferioridade – é transmitida por meio da suavização da linguagem, que reduz ou elimina as palavras de conteúdo (por exemplo, "Eu não gosto muito disso", "Ah, não, com licença").

CONHECENDO PESSOAS

Quando duas pessoas se conhecem, quanto mais depressa estabelecerem uma perspectiva comum, mais rápido vão tentar compartilhar a experiência e criar uma conexão.[7] O volume de palavras funcionais empregadas indica não apenas quanto cada um está tentando se envolver com o outro, mas também o grau de reciprocidade dessa tentativa.[8] Vamos dar uma olhada em dois cenários genéricos com interações quase idênticas, exceto pelo fato de que a primeira interação emprega mais palavras funcionais, e a segunda, mais palavras de conteúdo.

CENA 1, TAKE 1

Esperando na fila de um café, um rapaz conhece uma moça

Rapaz: Uau, como está cheio.
Moça: Sim, é sempre assim aqui.
Rapaz: Sério? Que fila enorme.
Moça: Sim, mas ela anda.
Rapaz: Rápido?
Moça: Súper.
Rapaz: Que bom, porque tá um forno aqui.
Moça: Tá mesmo.
Rapaz: Você trabalha aqui perto?
Moça: Sim, na Onyx, na...
Rapaz: Ah, na Bleecker Street? O prédio preto alto?
Moça: Esse mesmo. E você?
Rapaz: Trabalho no Carlson's Tavern.
Moça: O novo?
Rapaz: Sim, novinho e...
Moça: Pintado de vermelhão.
Rapaz: Esse mesmo... Opa, chegou minha vez.
Moça: Ah... Aproveita.

Essa interação soa bem típica, uma conversa ligeiramente sedutora entre dois jovens que têm um bate-papo agradável enquanto aguardam na fila. Agora vamos alterar um pouco a linguagem e você vai ver como rapidamente nossa percepção da interação muda.

CENA 1, TAKE 2

Esperando na fila de um café, um rapaz conhece uma moça

Rapaz: Uau, como está cheio.
Moça: Sim, o Coffee Queen está sempre cheio.
Rapaz: Sério? Que fila enorme.
Moça: A fila é grande, mas anda rápido.
Rapaz: Que bom, porque tá um forno aqui.
Moça: Tá mesmo.
Rapaz: Você trabalha aqui perto?
Moça: Sim.
Rapaz: Onde?
Moça: Na Onyx.
Rapaz: Você gosta de trabalhar lá?
Moça: Aham.
Rapaz: Eu trabalho no Carlson's Tavern.
Moça: Ah, sei.
Rapaz: É, eles repintaram tudo de vermelhão.
Moça: Hum.
Rapaz: Chegou minha vez.
Moça: Ok, bom café.

Aqui a moça está sendo educada, mas obviamente menos interessada na conversa.

Atenção, atenção!

O que palavras e expressões como estas têm em comum?

- por incrível que pareça
- na realidade
- pra falar a verdade
- basicamente
- como se vê
- francamente
- essencialmente

Eu as chamo de *holofotes de conversação*. São usadas para chamar a atenção para o que estamos dizendo quando queremos ampliar o significado de nossa mensagem. É importante notar que elas podem indicar duas coisas totalmente diferentes dependendo do contexto da interação. Quando empregadas por alguém que está tentando influenciar outra pessoa – um suspeito sendo interrogado, por exemplo –, seu uso pode indicar falsidade (ver Capítulo 6). No entanto, quando usadas de forma não sarcástica em um bate-papo casual, indicam que a pessoa está aberta e interessada na conversa e está tentando envolver e talvez impressionar o interlocutor. Vamos temperar a interação no café com alguns desses *holofotes de conversação*. Observe como eles sugerem uma conexão incipiente.

CENA 1, TAKE 3

Esperando na fila de um café, um rapaz conhece uma moça

Rapaz: Uau, como está cheio.
Moça: Sim, por incrível que pareça, é sempre assim aqui.

Rapaz: Sério? Que fila enorme.
Moça: Sim, mas ela anda.
Rapaz: Rápido?
Moça: Súper.
Rapaz: Que bom, porque tá um forno aqui.
Moça: Tá mesmo.
Rapaz: Você trabalha aqui perto?
Moça: Sim, na realidade eu trabalho na Onyx, na...
Rapaz: Ah, na Bleecker Street? O prédio preto alto?
Moça: Esse mesmo. E você?
Rapaz: Pra falar a verdade, eu trabalho no Carlson's Tavern.
Moça: O novo?
Rapaz: Sim, novinho e...
Moça: Pintado de vermelhão.
Rapaz: Você conhece! É esse mesmo... Opa, chegou minha vez.
Moça: Ah, ok... Aproveita.

Lembre-se de que, mesmo em circunstâncias desconfortáveis (como nosso cenário do colega bêbado na página 36), algumas pessoas têm dificuldade em se afirmar e expressar desinteresse, pois seria "indelicado". Os padrões de linguagem que as pessoas usam nos relacionamentos, tanto pessoais quanto profissionais, também expõem a percepção de status e controle que elas têm naquele relacionamento, mesmo que ele exista há apenas cinco minutos. De forma mais aprofundada, a maneira como as pessoas enxergam os outros e os relacionamentos revela informações preciosas sobre a própria saúde emocional delas. No próximo capítulo vamos começar a decodificar a linguagem do poder e da personalidade.

4
Relações e poder

Uma regra universal tácita é que pessoas de status mais baixo não dão ordens às de status mais elevado; consequentemente, elas suavizam sua linguagem ao fazer um pedido. Por exemplo, um comissário de bordo convida os passageiros a "se dirigirem a seus assentos" em vez de "se sentarem". O senso comum e as pesquisas apontam para uma correlação positiva entre status e polidez.[1] Ao se pedir um favor ou fazer uma solicitação a alguém, a linguagem é calibrada de acordo com a dimensão do pedido e a diferença de poder entre as duas pessoas.[2] Um status mais baixo (ou uma insegurança) se revela pelo grau de modificação que uma pessoa acha necessário fazer em seus pedidos.[3] Isso se dá pela aplicação de um ou mais dentre 10 mecanismos possíveis:

1. Acrescentar *por favor*: "Me passa o sal" vira "Me passa o sal, por favor".
2. Transformar o pedido em uma pergunta: "Feche a porta" vira "Você pode fechar a porta?".
3. Aplicar uma entonação mais forte ao final da frase: "Fecha a porta" vira "Fecha a porta?".
4. Minimizar ou desvalorizar o pedido: "Você pode ficar

até mais tarde?" vira "Você pode ficar até um pouco mais tarde?" ou "Será que você pode ficar um pouquinho mais?".
5. Pedir desculpas pelo pedido: "Preciso que você chegue mais cedo" vira "Desculpa te pedir isso, mas...".
6. Fazer o pedido de forma indireta: "Que horas são?" vira "Pode informar as horas?".
7. Enquadrar o pedido como uma regra: em vez de fazer o pedido, a pessoa é informada sobre uma política vigente. "Pare de mergulhar na piscina" vira "É proibido mergulhar".
8. Afirmar um fato: "Leve o lixo para fora" vira "O lixo está cheio".
9. Apresentar uma possibilidade: "Insira seu cartão de crédito agora" vira "Você pode inserir seu cartão agora".
10. Perguntar se pode pedir: em vez de fazer o pedido, a pessoa começa com "Posso te pedir um favor?".

Perguntar se você pode pedir alguma coisa afasta completamente a ameaça, o que está exemplificado na história a seguir. Um grande amigo meu é o principal responsável pela arrecadação de fundos de uma importante organização sem fins lucrativos. Todos os dias ele pede centenas de milhares, às vezes milhões, de dólares às pessoas. De vez em quando recorre a um doador assíduo – alguém que fez uma doação há apenas um mês – e pede mais uma ajuda. Enquanto algumas pessoas acreditam que essa é uma prática incomum, ele sempre desenvolve ótimos relacionamentos com esses doadores. Qual o segredo dele para evitar afastá-los? Simples. Ele não pede outra doação. Em vez disso, pergunta se pode pedir uma doação. Percebe a diferença na dinâmica? Se ele pedisse dinheiro diretamente, colocaria a outra pessoa na defensiva e correria o risco de parecer ingrato, criando assim uma disputa de poder. Mas, ao perguntar se pode pedir, ele coloca o doador no controle, o que leva a pessoa a baixar a guarda. Por quê? Porque o doador pode simplesmente dizer não à pergunta, sem ter que dizer não ao pedido de dinheiro.

Ao se pedir um favor ou fazer uma solicitação, a linguagem é calibrada de acordo com a dimensão do pedido e a diferença de poder entre as duas pessoas.

Se a ausência de elementos linguísticos suavizantes é sinal de status mais elevado (seja ele real ou apenas uma impressão), combinar dois ou mais elementos desses em um mesmo pedido é indício inequívoco de status mais baixo ou de personalidade submissa. Vejamos, por exemplo, como se dá um pedido duplamente receoso: "Peço desculpas pelo incômodo, mas posso perguntar se você pode...?" Impossível não notar que há um cuidado excessivo aqui. A gratidão também pode assumir muitas formas, desde o excesso de polidez de "Estou muitíssimo grato" até o silêncio mal-agradecido.

Nenhum debate sobre a maneira como status e poder se apresentam em uma conversa estaria completo sem mencionarmos o potencial que o plural majestático tem de ser mal interpretado. Ele pode indicar que um indivíduo de status mais elevado deseja evitar uma dinâmica tácita de "eu contra você". A dona da casa que diz à empregada doméstica "Precisamos lavar o chão" tem pouca intenção de pegar o esfregão e o balde. Por outro lado, o sargento que repreende um soldado diz "Pague 50 flexões" e não "Vamos nos abaixar. Precisamos fazer algumas flexões". No entanto, uma pessoa de status mais baixo também pode usar essa linguagem para evitar fazer uma pergunta ou um pedido de modo muito direto. Uma secretária pode, por exemplo, perguntar à chefe "Podemos encerrar o expediente às cinco horas?" em vez de "Posso sair às cinco?" ou "Você já vai ter terminado às cinco, para eu poder ir para casa?".

O SILÊNCIO VALE OURO

Outra regra de poder tácita é que quanto menos você precisa falar ou fazer para conseguir cooperação, mais controle tem. Ou seja, seria normal observar um oficial de alta patente gesticulando para outro oficial ou cadete andar, parar, sentar, etc., sem nunca dizer uma palavra. Da mesma forma, o agente de trânsito para o tráfego com um aceno e, com um dedo levantado, o juiz silencia o advogado. Exercer influência sobre outra pessoa – como fazê-la andar ou parar – é impor seu status, e quanto menos pressão você precisa aplicar para que haja cooperação, mais poder e controle detém.

Pessoas de status mais baixo emocionalmente saudáveis são menos propensas a emitir comandos não verbais para pessoas de status mais elevado. Você consegue imaginar um recruta recém--chegado à academia militar mostrando a palma da mão para o sargento, como quem diz "Calma!"?

É possível observar essa regra em vários domínios, como na sala de aula, por exemplo. Uma professora respeitada ou temida levanta a mão como se dissesse "Parem" e a turma fica em silêncio. Não precisa falar, muito menos implorar. Ela está no comando. Não há disputa de poder. Mas, claro, ficaríamos chocados se víssemos um aluno gesticulando para que a professora parasse de falar ou se sentasse. Um aluno interromper a fala de um professor, no entanto, é menos chocante, porque a leitura que o aluno tem da dinâmica do status não está distorcida a ponto de ele acreditar que o professor atenderia a um comando não verbal. Qualquer pai ou mãe se identificaria instantaneamente com a forma como isso acontece com seus filhos. Quanto menos eles precisam falar para repreender o comportamento do filho, maior é sua autoridade no relacionamento. Se o olhar severo de uma mãe basta para que a criança tire os pés do sofá, ela tem um relacionamento diferente do que o do pai cujo filho ignora seu olhar de reprovação, deixa explícito que está contrariado ou desanda a retrucar. A recusa de uma criança a obedecer totalmente à vontade dos pais – apesar dos inúmeros pedidos em tons de voz cada vez mais altos – deixa bem claro quem está de fato no comando.

De modo análogo, uma pessoa pode ficar furiosa quando alguém de status inferior lhe dirige um comando não verbal, por exemplo, levantar o dedo indicador como se dissesse "Silêncio" ou "Espere"; apontar o dedo como se dissesse "Ei, você aí"; ou gesticular para dirigir mais devagar, como se dissesse "Preste atenção". A verdade é que, em qualquer interação, a pessoa de status inferior raramente aponta para a(s) outra(s). Apontar o dedo indica convicção e autoridade, bem como confiança na própria posição. Observe quaisquer duas pessoas conversando, mesmo que você não consiga escutar o que elas estão dizendo, e a que estiver apontando é a que detém o poder (ou que se sente empoderada porque acredita ter a perspectiva moral mais elevada).

FOCO PARA DENTRO OU PARA FORA

Eis a cena: você vê uma pessoa entrando na sala de outra. Ela fecha a porta, portanto você não consegue ouvir a pergunta que ela faz, mas você escuta a resposta, que é:

Resposta A: "Do que você está falando?"
Resposta B: "Eu não sei do que você está falando."

Se você tivesse que dar um palpite, qual resposta indicaria que a pessoa a quem pertence a sala tem um status mais elevado do que a que entrou? Não se sinta mal se errar. A maioria das pessoas erra.

A resposta A indica uma pessoa de status mais elevado. É contraintuitivo, explica o psicólogo James Pennebaker, o fato de as pessoas detentoras de poder costumarem usar *eu*, *mim* e *meu* com menos frequência do que aquelas de status mais baixo. Isso ocorre porque os pronomes indicam nosso foco.[4] Nós nos tornamos autocentrados quando nos sentimos inseguros e ameaçados, e olhamos para fora quando nos sentimos empoderados e no controle.[5]

A percepção que temos do status transparece nas sutilezas, mesmo nas mais breves interações. Repare na diferença entre "Você deveria saber" e "Eu gostaria que você soubesse". "Você deveria saber" vem de um lugar de status elevado porque (a) o foco é para fora e (b) é expresso como um fato, ou seja, "Você deveria saber determinada coisa". Por outro lado, a segunda frase implica que a informação não é uma coisa que o outro tem a obrigação de saber, mas que "eu" gostaria de compartilhar com ele. O foco está nas *minhas* necessidades, não nas *suas*. Vejamos o exemplo de duas mensagens de texto curtas que nos mostram como inúmeros sinais podem estar condensados em tão poucas palavras.

Resposta A: "Bom dia e perdoe a demora. Concordo, parece bom. Ótimo trabalho."
Resposta B: "Bom dia. Sinto muito pela demora em retornar. Peço desculpas. Eu concordo, acho que ficou ótimo. Obrigado."

Na primeira resposta, estamos vendo uma pessoa que tem a sensação de que detém o poder. Ela não se responsabiliza pelo atraso, nem, nesse caso, pede desculpas. Em vez disso, ela instrui o destinatário a fazer alguma coisa por ela – perdoar a demora. Há uma diferença substancial entre "Sinto muito pela demora" e "Perdoe a demora". "Sinto muito" se responsabiliza pelo mal causado, enquanto "Perdoe" (sem que se diga em seguida "Sinto muito") nada mais é do que um pedido feito ao outro sem que nenhum inconveniente seja admitido.

Vejamos outro exemplo. Ao virar no corredor, a pessoa A esbarra em uma inocente e agitada pessoa B, de mesmo status profissional. A pessoa A diz "Sinto muito" e a pessoa B responde "Com licença". "Com [a sua] licença" é passivo em vez de ativo (dilui a responsabilidade); coloca o eu em segundo plano (foco externo) e faz um pedido ao outro – "Eu quero que você faça algo por mim: me dê licença" (um sinal tácito de poder). Outra prova disso é que você pode dizer de maneira jocosa "Com licença!", porque é um pedido inerentemente falso. Embora hoje seja relativamente comum ouvir a expressão "Sinto muito" ser dita de forma irônica, a voz ativa e a propriedade do verbo na primeira pessoa do singular comunicam uma sinceridade intrínseca.[6]

Embora qualquer das duas frases seja adequada e preferível a "Presta atenção por onde anda, imbecil", cada palavra que é proferida nos corredores revela algo sobre a personalidade do indivíduo – presumindo que haja um padrão na sintaxe – e sobre a dinâmica do relacionamento. Ou a pessoa A está mais disposta a assumir a responsabilidade por suas atitudes (um indício de boa saúde mental), ou pode sofrer de complexo de inferioridade e ser rápida em assumir a culpa (um indício de pouca saúde mental). Não temos como avaliar a saúde emocional de ninguém com base nessa interação, mas, se soubéssemos um pouco mais sobre a vida de cada pessoa, aprenderíamos muito mais por meio dessa simples troca.

Observe quaisquer duas pessoas conversando, mesmo que você não consiga escutar o que elas estão dizendo, e a que estiver *apontando* é a que detém o poder (ou que se sente empoderada porque acredita ter a perspectiva moral mais elevada).

Se essa mesma cena se replicasse com um general esbarrando em um cadete, ficaríamos surpresos ao ouvir o general dizer "Sinto muito" e o cadete responder "Com licença". O foco de um cadete emocionalmente saudável deve se mover reflexivamente para dentro de modo a oferecer um pedido de desculpas autocentrado, como "Sinto muito". Mas, vale repetir, nem sempre. "Com licença, senhor" também pode ser apropriado e, mais uma vez, indicar algo sobre o cadete. No entanto, se dermos um passo além, imaginando uma cena em que o cadete derrama sua bebida em cima do general, então "Com licença, senhor" não mais será suficiente. Esperaríamos um efusivo pedido de desculpas em primeira pessoa do cadete, e a ausência desse pedido seria um indício de uma percepção distorcida de status por parte do cadete, que nos faria questionar sua saúde emocional.

Também podemos contar com uma pista visual surpreendentemente precisa: a maneira como a pessoa inclina a cabeça. Quando uma pessoa se sente envergonhada por causa de suas ações ou ao ser repreendida, podemos notar que sua cabeça se inclina ligeiramente para baixo. É uma indicação de que ela está arrependida – um sinal de submissão. Se, no entanto, seu queixo se levanta, está assumindo uma postura desafiadora e é pouco provável que recue e peça desculpas.[7] Você pode notar essa reação instintiva em crianças. Quando uma criança pequena é repreendida, sua cabeça cai. Da mesma forma, em resposta a uma falsa acusação, adultos emocionalmente saudáveis costumam inclinar ligeiramente a cabeça para cima, indicando que estão ofendidos, como se dissessem: "Do que você está falando?"

Na Parte Três vamos voltar ao nosso cadete propenso a acidentes e descobrir como os tipos de personalidade e as patologias são observados por meio de interações não apenas com outras pessoas, mas também com objetos inanimados – porque há uma grande diferença entre a pessoa que diz "Eu não consigo abrir a janela", a que diz "A janela está emperrada" e a que diz "A janela está quebrada". No capítulo a seguir vamos continuar a falar sobre como ler uma pessoa em uma situação específica. Você vai aprender como a calma e a confiança se apresentam e como a raiva e a ansiedade transparecem de formas sutis.

5
Lendo o clima

Um atleta ou um artista que está absorto tem uma performance impecável porque sua atenção está toda concentrada em um objetivo, aquilo que precisa ser feito. De forma análoga, uma pessoa confiante é capaz de dirigir toda a sua atenção para o objetivo externo, fazendo o "eu" desaparecer (bem como o "eu" linguístico). Há momentos, é claro, em que faz sentido estar hiperfocado em si mesmo. Observe como você costuma dar o primeiro gole em uma xícara de café ou chá fumegante. Seu nível de concentração é intenso. Você se move lentamente, observando a xícara enquanto a traz aos seus lábios, e então, hesitante, saboreia a bebida. Seu comportamento indica o que está em jogo. À medida que o interesse aumenta (nesse caso, não querer se queimar), ocorre uma reação em cadeia: a confiança diminui (à medida que o risco é maior), a perspectiva se estreita (à medida que o ego entra em cena e ficamos com medo) e a ansiedade cresce (porque o ego precisa se sentir no controle). Essa reação em cadeia não é exclusiva às bebidas quentes. Se você souber procurar, é fácil localizar a confiança (ou a ausência completa dela).

A PSICOLOGIA DA CONFIANÇA

Se alguém lhe pedisse para caminhar sobre uma faixa pintada no chão, você o faria com muita facilidade. Talvez olhasse para baixo para se orientar, mas depois levantaria a cabeça e observaria o entorno enquanto avançasse. Você provavelmente atenderia o celular se tocasse e falaria com total descontração, fazendo até piada. Se lhe pedissem para fazer a mesma coisa sobre uma faixa bem mais estreita, a atenção necessária seria significativamente maior. Agora imagine essa mesma faixa fina posicionada em uma plataforma de altura equivalente a um prédio de 20 andares. Você andaria devagar, prestando atenção em cada passo, e não se concentraria em mais nada – obviamente não usaria o celular nem apreciaria a vista. Você estaria totalmente focado em si mesmo, por conta do elevado risco à sua segurança física.[1] O mesmo se aplica à segurança emocional.

Como identificar quem acha que está andando no chão e quem acha que está a 20 andares de altura? A pessoa que presta mais atenção em si mesma é a que está mais ansiosa. Vejamos o processo em maiores detalhes. As ações de uma pessoa podem ser divididas em quatro estágios:

1. *Incompetência inconsciente* é quando uma pessoa não tem consciência de que não está executando algo corretamente.
2. *Incompetência consciente* é quando uma pessoa está ciente de que não tem as habilidades necessárias para ser tão eficaz e bem-sucedida quanto gostaria.
3. *Competência consciente* é quando uma pessoa está ciente do que precisa fazer, mas a consciência é necessária para que ela tenha êxito.
4. *Competência inconsciente* é quando uma pessoa é capaz

de executar algo corretamente e de acordo com o esperado sem precisar dedicar alguma ou mesmo nenhuma atenção.

Aprender a dirigir um carro com câmbio manual ilustra de forma prática esses quatro níveis. A princípio, parece completamente estranho, mas o motorista acaba adquirindo a habilidade de mudar de marcha sem se concentrar conscientemente no que está fazendo; o processo agora está integrado à memória muscular e pode ser executado instintivamente. A memória muscular está relacionada à memória processual, um tipo de memória inconsciente de longo prazo que nos ajuda a realizar tarefas específicas dedicando o mínimo de atenção possível; podemos acessar automaticamente memórias processuais sem consciência delas.

Da mesma forma, observe o contraste entre alguém que acabou de tirar a habilitação e um profissional experiente. O primeiro se agarra ao volante e confere tudo. Seus olhos se fixam na alavanca do câmbio quando vai dar ré no carro. Sua cabeça se inclina para baixo conforme ele solta lentamente a embreagem e pisa no acelerador. Uma coisa de cada vez. Nada de colocar o cinto de segurança enquanto dá marcha a ré ou de abrir uma lata de refrigerante enquanto firma o volante com o joelho. Mas o que acontece com o nosso motorista experiente quando introduzimos uma perturbação – uma nevasca que reduz a visibilidade a zero? Ele desliga o rádio. Segura o volante com ambas as mãos na posição recomendada. Psicologicamente, maiores riscos estreitam a nossa perspectiva, aumentam a ansiedade e reorientam nosso foco.

Durante uma conversa casual com um funcionário, você percebe que ele pega uma lata de refrigerante que estava ao alcance dele. Ele observa a própria mão se esticando até alcançar a bebida. Em seguida observa a própria mão levando a lata até os seus lábios. Seu funcionário está se sentindo inseguro e não confia em si mesmo para fazer o que já fez centenas de milhares de vezes sem prestar atenção. Isso indica um grau de ansiedade maior do que um encontro casual e supostamente amistoso provocaria. Seja em uma reunião, em um encontro ou em um interrogatório, a pessoa que fica nervosa está hiperconsciente de tudo que fala e faz. Sua postura pode ser muito rígida; seus movimentos e gestos, desajeitados e mecânicos. O que antes eram ações inconscientes se torna parte de um grau de consciência muito elevado.

> Psicologicamente, maiores riscos estreitam a nossa perspectiva, aumentam a ansiedade e reorientam nosso foco.

O ANSIOSO SE ENTREGA

Se você teve um apagão em um momento de estresse ou engasgou quando estava sob pressão, a culpa é do aumento do foco em si mesmo. Uma atividade normalmente automática ou inconsciente é perturbada pela consciência ou pelo ato de refletir sobre ela, e, à medida que os riscos aumentam, a ansiedade cresce e nossas faculdades cognitivas ficam cada vez mais comprometidas. O resultado? Uma queda de desempenho.

Como a ansiedade muda nosso foco para o eu, nossa capacidade de absorver novas informações também diminui. Você já foi apresentado a uma pessoa em uma festa e esqueceu o nome dela logo depois? De forma similar, quando estamos nervosos, interpretamos as coisas de modo mais literal; nosso cérebro está ocupado na busca por ameaças observáveis e, quando tenta se orientar, muitas vezes não consegue processar outras informações além do nível superficial. Diante de qualquer ameaça (física ou emocional), entramos em alerta máximo e os recursos cognitivos necessários para fazer conexões tangenciais são destinados a outras tarefas.

Logo, diante de uma ameaça, muitas vezes temos dificuldade em processar o humor, principalmente o sarcasmo. Para identificar um comentário sarcástico, é preciso perceber a contradição entre o sentido superficial (literal) e o sentido desejado.[2] Precisamos do *córtex pré-frontal* (o cérebro pensante) para associar o significado literal à mensagem que o emissor desejava passar. Como a ansiedade ou a raiva fazem com que o cérebro acione a *amígdala* (o centro de resposta emocional), que é mais primitiva, nosso tempo de reação é maior. Temos que trazer o cérebro pensante de volta à ação para então perceber a conotação ou a implicação do comentário. Como isso acontece na vida real? A pessoa ansiosa não capta de imediato o sarcasmo e fica de olhos arregalados ou dá uma risadinha nervosa até enfim entender.

Manifestações físicas de ansiedade

Manifestações autoconscientes também incluem inquietação, passar a mão no rosto e no cabelo, cutucar a pele, esfregar a perna e brincar com os dedos. Fique atento aos seguintes sinais de ansiedade ou de medo intenso:

- O rosto da pessoa fica corado ou pálido de medo extremo. Preste atenção se a respiração está acelerada e se a transpiração aumenta. Além disso, observe se ela está tentando controlar a respiração para se acalmar. Os esforços para manter a calma se manifestam como inspirações e expirações profundas e audíveis.

- Tremores na voz ou no corpo. As mãos dela podem começar a tremer. Se a pessoa estiver escondendo as mãos, pode ser uma tentativa de disfarçar um tremor incontrolável. A voz pode desafinar e soar inconsistente.
- Engolir em seco. Atores de televisão ou cinema que desejam expressar medo ou tristeza costumam fazer isso. Pigarrear também é sinal de nervosismo. A ansiedade faz com que se forme muco na garganta. Um orador nervoso costuma pigarrear antes de falar em público.
- Mudanças na voz. As cordas vocais, como todos os músculos, se contraem quando uma pessoa está estressada, produzindo um som mais agudo.

A linguagem da ansiedade

Como o sofrimento emocional desvia nossa atenção para dentro, o emprego mais frequente de pronomes pessoais é uma marca registrada de um estado ansioso. Nem todos os pronomes possuem o mesmo peso. Assim como o pronome *eu*, os pronomes pessoais *mim*, *me* e *comigo* marcam um olhar voltado para dentro, mas, como quase sempre são usados na forma passiva – em que algo age sobre a pessoa, e não a pessoa age –, são indicadores de uma sensação de desamparo e vulnerabilidade. Quando usados de forma exagerada, sinalizam uma ansiedade ainda maior. Por exemplo:

"Minha barriga está doendo" *versus* "Minha barriga está me causando dor"
"Por que você está gritando?" *versus* "Por que você está gritando comigo?"

Como a ansiedade e a raiva estão inextricavelmente ligadas, um estado raivoso também está associado à linguagem do *mim*. Em ambos os estados, a pessoa se vê como vítima, empregando por isso a linguagem do *mim* (por exemplo, "Como você pôde fazer isso comigo?").

Também é fácil identificar um estado de ansiedade pelo uso frequente de *qualificadores* – expressões de incerteza ou indecisão (por exemplo, "Eu acho", "Eu me pergunto", "Eu suponho"). O uso de qualificadores aumenta de acordo com o grau de ansiedade da pessoa e geralmente vem antes do verbo, diluindo a convicção do falante em sua própria afirmação.[3] Quando você sabe que uma coisa é verdade, não sente necessidade de reforçar sua confiança em si mesmo ou em outra pessoa. Por exemplo, salvo um dilema existencialista, você não diria: "Eu acho que existo." Você sabe que existe e, portanto, declara o truísmo sem qualificação: "Eu existo." Imagine que você está sofrendo de uma erupção cutânea desconfortável e vai à dermatologista. Depois de examiná-lo, ela lhe entrega uma receita e diz "Esse remédio vai ajudar" ou "Acho que esse remédio vai ajudar". Qual você prefere ouvir? Qualificadores corroem a convicção, em vez de reforçá-la.

Dito isso, é apenas ao expressar informações subjetivas – não objetivas (uma opinião, uma preferência ou um desejo) – que o uso de um qualificador sinaliza insegurança ou incerteza (veja o Capítulo 10 para mais detalhes). O desafio para decodificar a sintaxe se torna ainda mais complicado devido à ansiedade reprimida. Veremos mais adiante que os narcisistas, por exemplo, compensam uma insegurança profunda usando um discurso afirmativo em vez de sugestivo.

Para detectar com precisão uma pessoa em estado ansioso, é preciso que haja um qualificador em conjunto com outro indício: um *retrator* linguístico (por exemplo, *mas, embora, no entanto, entretanto*). Esse padrão de linguagem consolida a presença da ansiedade porque, assim como os qualificadores, os retratores se relacionam com a hesitação – aqueles, antes da ação; estes, após a ação.[4] Retratores e qualificadores revelam prudência e indecisão. Na prática, eles estão deixando um plano de fuga preparado para qualquer momento futuro (por exemplo, "Acho que isso pode ser bom, mas não sei", "Imagino que isso faça sentido, então eu poderia tentar, entretanto..."). Isso indica não apenas um estado ansioso, mas também a possível presença de seu parente próximo, o traço obsessivo e o medo da vulnerabilidade, do risco ou do fracasso. Além disso, a negação (por exemplo, *não, nunca, jamais*) e a negatividade (por exemplo, *fraco, ruim, malfeito*) estão associadas ao aumento da ansiedade e da insegurança. Uma mesma situação pode ser vista por lentes positivas ou negativas. Em outras palavras, uma pessoa que diz "Tem chance de dar certo" ou "É possível que tenhamos sucesso" provavelmente se sente mais confiante (ou tem menos coisas em jogo) do que alguém que diz "Provavelmente vai dar errado" ou "É improvável que dê certo".

É importante distinguir *traços* de *estados*. Em outras palavras, você quer descobrir se uma pessoa está se comportando de determinada maneira por causa de quem ela é em sua essência ou se ela está simplesmente reagindo a uma situação específica. Um *estado* é uma forma temporária de sentir; ele reflete nossos pensamentos ou reações à situação atual. Um *traço* é uma característica ou uma forma padrão mais estável de pensar, sentir e agir e, portanto, serve como um indicador valioso de comportamento futuro. Alguém com um traço de ansiedade, por exemplo, está fadado a ver uma situação "segura" como ameaçadora e predisposto a reagir a ela com uma ansiedade desproporcional.[5] De forma inconsciente, a pessoa que se preocupa demais com coisas banais (traço) tem mais tendência a ficar tensa em qualquer situação (estado).[6]

Um *estado* é uma forma temporária de sentir; ele reflete nossos pensamentos ou reações à situação atual. Um *traço* é uma característica ou uma forma padrão mais estável de pensar, sentir e agir e, portanto, serve como um indicador valioso de comportamento futuro.

Para confirmar se você está observando um traço ou um estado (ou ambos), precisamos agora reparar na frequência, na duração, na intensidade e no contexto. Falo mais sobre isso nas Partes Três e Quatro.

MESA DE PÔQUER

Apostar com nervosismo geralmente está ligado a uma mão boa, porque o jogador sente muita tensão ("É agora, chegou a hora!"). O jogador tem que buscar capitalizar a situação, sem hesitar. O que é curioso e contraintuitivo é que uma pessoa que está blefando muitas vezes vai agir de forma mais casual, por duas razões: em primeiro lugar, porque ela está gerindo a impressão que passa e quer garantir que esteja soando indiferente e despreocupada; mas, em segundo lugar e de modo mais psicologicamente profundo, ela está no controle. Ela pode apostar, aumentar a aposta ou desistir. Ela faz a escolha de blefar, e esse controle faz com que se sinta mais confiante. A pessoa que tirou uma mão boa não tem nenhuma escolha legítima além de *apostar, pagar para ver* ou *aumentar a aposta*. Ela não pode desistir, portanto sente a pressão com mais intensidade, não menos.

O MEDO LEVA À RAIVA

Quanto mais baixa nossa autoestima de modo geral – e quanto mais uma verdade desconfortável afeta nossa autoimagem –, mais medrosos ficamos. O ego nos diz que estamos vulneráveis e em risco. Entra em cena a *reação de lutar ou fugir* (ou paralisar), que é uma resposta fisiológica a uma ameaça percebida, seja física ou emocional. O sistema nervoso simpático ativa as glândulas suprarrenais, que liberam adrenalina, noradrenalina e cortisol na corrente sanguínea. Essa injeção redireciona a reação do corpo do córtex pré-frontal para a amígdala. Uma pessoa com raiva é, até certo ponto, uma pessoa com medo. A reação ao medo – a tentativa do ego de compensar a perda – é a raiva. A raiva dá a ilusão de controle porque, fisiologicamente, a liberação dessas substâncias aumenta a atenção, a energia e a força. Em termos emocionais, a raiva desvia nossa atenção de nós mesmos, o que se parece com a sensação de que estamos mais seguros. Analisemos um conjunto variado de circunstâncias que podem levar à raiva, para ver como o processo se desenrola de maneira consistentemente semelhante:[7]

- Alguém o corta na estrada. (Catalisador) → Você perde o controle da situação, pois teve que desviar ou frear para evitar um acidente. → Isso faz com que você fique com medo, pensando "no que poderia ter acontecido". → Você direciona a raiva para o outro motorista.
- Sua filha se recusa a vestir o casaco. (Catalisador) → Você sente que não está no controle da situação. → Pode ficar com medo de que ela não respeite você e não dê ouvidos a outras coisas que você pedir. → Você então fica com raiva dela por não lhe dar atenção.
- Uma pessoa é grossa com você. (Catalisador) → Dependendo

de quem for, esse ato desrespeitoso pode fazer com que você duvide de si mesmo. → De alguma forma, você pode ficar com medo de que essa pessoa não goste de você ou que não o respeite, e isso faz com que você questione sua própria autoestima e autoimagem. → Você fica com raiva porque a maneira como deseja que os outros o tratem e se relacionem com você é diferente de como a situação está evoluindo.

Nossa necessidade de nos sentirmos no controle também se estende a situações que nada têm a ver com os outros. Por exemplo:

- Você tropeça em uma cadeira no escuro. (Catalisador) → Você perde o controle, ou seja, seu plano de ir do ponto A ao ponto B sem tropeçar foi interrompido. → Isso faz com que você fique com medo, pois poderia ter se machucado. → Você fica com raiva. (Curiosamente, algumas pessoas ficam com raiva de si mesmas, da cadeira – chutando-a – ou mesmo de quem a colocou ali para que alguém tropeçasse.)

A raiva obviamente não proporciona satisfação real nem conforto psicológico. É o mecanismo de defesa do nosso ego para quando nos sentimos vulneráveis, mas assim perdemos o controle e ficamos emocionalmente mais fracos a cada pensamento ou ação mais intensa impulsionados pela raiva.

A linguagem da raiva

Ele diz que está furioso, mas pode ser tudo encenação. Ela escreveu para você dizendo que está tudo bem, mas você acha que por dentro ela está espumando. Planejar. Tramar. Mesmo quando alguém está com raiva, não significa que a pessoa vai sair botando tudo para fora. A personalidade de um indivíduo vai ditar seu *modus operandi*.[8]

Assertivo-agressivo (luta): Ele luta para controlar a situação abertamente. Sabe que está com raiva e não tem medo de demonstrar isso.

Passivo-agressivo (luta-fuga): A raiva extravasa de formas sutis. Ele sabe que está com raiva, mas não consegue lidar com o confronto. E, incapaz de confrontar o outro diretamente, busca obter o controle de maneira furtiva.

Supressão (fuga): Ele não abre espaço conscientemente para a raiva, então a controla suprimindo suas emoções e dizendo a si mesmo que não está com raiva.

Imobilização (paralisia): Ele enterra a raiva. Ao se sentir impotente, se fecha e se afasta da dor. Pensa: *Eu posso me isolar do mundo. Vou ficar seguro. Assim estou no controle.*

Rendição (fuga): Ele diz a si mesmo que não é digno de se afirmar ou que simplesmente não vale a pena.

Em termos gramaticais, um estado de raiva se caracteriza pelo uso de mais pronomes da segunda e da terceira pessoas.[9] Lembre-se: a primeira pessoa é a perspectiva do "eu" (*eu, meu, mim, comigo*). A segunda pessoa é a perspectiva do "você" (*seu, sua, teu, tua*). A terceira pessoa é a perspectiva do "ele/ela/eles/elas" (*dele, dela, deles, delas*).

Uma mudança no uso do pronome (da primeira pessoa para a segunda e a terceira) faz todo o sentido quando se está com raiva. Falando em termos emocionais, a raiva serve para canalizar, mascarar ou redirecionar nossa atenção para longe de nós mesmos. A linguagem que usamos segue o mesmo caminho:

afastar-se do "eu" e ir em direção ao "você" sinaliza claramente uma hostilidade (e uma autodefesa ou um desvio linguístico) e indica um estado raivoso.[10] Contraintuitivamente, um estado raivoso provoca o uso da linguagem do *mim*, ainda que o pronome *eu* seja usado com menos frequência. O pronome *mim* é tipicamente usado para expressar passividade (por meio dele, algo ou alguém "agiu sobre mim"), e uma pessoa com raiva se vê como vítima (de alguma força) e, portanto, é objeto de maus-tratos injustos (por exemplo, "Como você se atreve a fazer isso comigo?", "Como foi me acontecer isso?"). Consequentemente, uma pessoa com raiva fará mais perguntas retóricas, por exemplo: "Qual é o seu problema?", "O que você está fazendo comigo?". Nesse estado, a pessoa também vai usar menos pronomes colaborativos (como *nós* e *nosso*), mais palavrões e mais negações (por exemplo, *não, nunca, jamais*) e expressões negativas (por exemplo, *fracasso, perda, ódio*).[11]

A raiva aberta (assertiva-agressiva) é fácil de ser identificada. Quando alguém está gritando com você ou o repreendendo, o sentimento fica claro. Mas a raiva nem sempre é expressa. Aliás, ela às vezes é completamente suprimida (bloqueio consciente de pensamentos ou impulsos indesejados) ou reprimida (bloqueio inconsciente). A ausência de qualificadores e retratores, um aumento no uso de substantivos concretos e uma redução no uso de palavras funcionais são indicadores confiáveis de hostilidade latente. Como a raiva entra em cena para nos encorajar, sua linguagem precisa ser absoluta e definitiva. Pense em cores fortes, não em tons pastel. Se qualificadores e retratores definem um estado ansioso, a ausência deles indica um estado raivoso. A análise linguística mostra uma diminuição no uso de qualificadores e retratores por uma pessoa patentemente hostil. Observe como a primeira declaração a seguir soa autêntica, enquanto a segunda parece hesitante, quase cômica.

Declaração A: "Estou furioso por você ter achado que podia me roubar."

Declaração B: "Acho que [qualificador] estou furioso com você por você ter achado que poderia fazer isso comigo, embora [retrator]..."

A linguagem não qualificada também implica um aumento no uso de substantivos concretos e uma redução no uso de palavras funcionais.[12] Uma pessoa com raiva emprega uma linguagem direta e inequívoca, porque não quer que haja nenhum mal-entendido; isso se dá por meio de frases com pronomes claros e nomes próprios, como "Eu falei para o Jim três vezes para não deixar o contador entrar no escritório" em vez de "Eu disse a ele algumas vezes para não deixá-lo voltar aqui". O sentido da primeira frase é inequívoco e não depende de conhecimento nem perspectiva compartilhados.

A ausência de qualificadores e retratores, um aumento no uso de substantivos concretos e uma redução no uso de palavras funcionais são indicadores confiáveis de hostilidade latente.

Como vimos, em um estado de raiva o ego está plenamente envolvido. Da mesma forma que nosso vocabulário não contém as palavras *nós* e *nosso*, não queremos nos conectar nem compartilhar nada com a pessoa ou o objeto que desprezamos. Não importa se a mensagem é falada calmamente ou escrita com emojis sorridentes, há um indício de raiva latente ou pelo menos de frustração borbulhante intrínsecos à situação.

Nas interações cara a cara, esteja ciente de que o sorriso é a máscara usada com mais frequência para disfarçar emoções, porque é o que melhor esconde os sinais de raiva, nojo, tristeza ou medo na parte inferior do rosto. Em outras palavras, uma pessoa que não quer que seus verdadeiros sentimentos fiquem expostos pode "botar um sorriso no rosto". Um sorriso genuíno ilumina todo o nosso semblante. Quando o sorriso é forçado, a boca fica fechada e apertada, e não há movimentos nos olhos nem na testa. É uma expressão semelhante à de alguém que ficou constrangido por causa de uma piada, mas quer fingir que achou graça. O que você vê é um sorriso "só com os lábios", não um sorriso largo de orelha a orelha.

Como aprendemos ao longo da Parte Um, quando se trata de pensamentos e sentimentos, a paisagem emocional em relação às intenções nem sempre é clara. Uma pessoa pode ser sincera mesmo se sentindo insegura. Ou ela não acha que está mentindo para você, porque na verdade está mentindo para si mesma e acredita no que diz. Na Parte Dois, há mais coisas em jogo e as táticas são mais nítidas, porque está tudo claro. Aqui é você contra eles. E a pergunta é: será que essa é uma pessoa que tiraria a roupa do próprio corpo para me dar ou, se tivesse oportunidade, tentaria me apunhalar pelas costas?

PARTE DOIS

O detector de mentiras humano

Você está lidando com uma pessoa muito mau-caráter? Um mestre da manipulação ou um completo vigarista? Nos capítulos a seguir você vai aprender a descobrir com facilidade se alguém está mesmo do seu lado ou se quer ver você pelas costas. Proteja a si mesmo e seus entes queridos (emocional, financeira e fisicamente) de pessoas capazes de fazer qualquer coisa para ter acesso ao seu coração e à sua carteira. Com estas técnicas, você nunca mais vai ser enganado, iludido nem passado para trás.

6
Analisando a honestidade e a integridade

Sempre que estiver falando com uma pessoa com motivações ambíguas, você deve se perguntar: existe a possibilidade de que essa pessoa jogue limpo comigo e se disponha a ter uma conversa honesta ou ela tem uma carta ou duas escondidas na manga? Para tentar descobrir, vamos começar dando uma olhada na teoria dos jogos e no jogo do ultimato, criado pelo economista israelense Ariel Rubinstein.

Rubinstein ofereceu a desconhecidos escolhidos aleatoriamente a oportunidade de participar de um jogo em que duas pessoas interagiam apenas uma vez e de forma completamente anônima. Cada dupla recebia 100 dólares e o dilema era que um dos integrantes da dupla era arbitrariamente escolhido para repartir o dinheiro da maneira que quisesse. O outro integrante poderia tanto aceitar quanto rejeitar a oferta. Se a oferta fosse aceita, eles dividiriam o dinheiro como sugerido, e, se rejeitada, ambos sairiam de mãos vazias.[1] Rubinstein previu com precisão que, na maioria das vezes, a pessoa encarregada da decisão de como repartir o dinheiro ofereceria à outra menos do que a si própria; a divisão raramente era generosa. Não há nada de surpreendente aqui. O que é intrigante é que estudos subsequentes mostraram como prever a probabilidade de a outra pessoa aceitar ou não a oferta – ou, em uma só palavra, de cooperar – observando apenas uma única atitude.

Os pesquisadores registraram em vídeo as expressões faciais dos participantes que tinham de aceitar ou não a oferta, e a análise descobriu que os mais dispostos a cooperar – aqueles que aceitaram a oferta – exibiam um grau maior de expressão emocional ao reagir a ofertas injustas.[2] Em outras palavras, se eles não gostavam da oferta, não mascaravam sua insatisfação com uma cara de paisagem nem com um sorriso falso. Deixavam clara sua insatisfação mesmo quando acabavam por aceitar a oferta.[3] O estudo concluiu que o grau de expressividade emocional é um forte indicador de cooperação e confiabilidade.[4]

Esse estudo levou a mim e minha equipe a testar uma hipótese sobre outra forma de avaliar a probabilidade de uma pessoa ser cooperativa. O que constatamos com incrível precisão foi: quando uma pessoa narra o que está fazendo, isso é um forte indício de que ela quer ter uma conversa franca. Por exemplo, uma colega de trabalho entra em sua sala e, enquanto se acomoda, diz em voz alta: "Deixa eu me situar", "Ok, vou me sentar" ou "Vou só pegar uma água". Embora seja óbvio o que ela está fazendo, a narração indica um desejo de transparência e conexão, consistente com uma predisposição à cooperação, não ao conflito.[5]

De modo similar, observe como um pai, mãe, professor ou babá se entrega a uma brincadeira com uma criança. A narração geralmente está presente, porque o adulto busca uma conexão. "Vamos abrir a caixa… Ah, o que temos aqui? Faz barulho quando eu aperto a barriga!" Intuitivamente, percebemos que o adulto está tentando estabelecer um vínculo com a criança. Imagine assistir a uma cena em que o adulto pega os brinquedos sem fazer barulho e monta tudo sem falar nada. A menos que ele esteja tentando criar um suspense para surpreender a criança, pareceria um pouco frio. Distante.

Quando uma pessoa narra o que está fazendo, isso é um forte indício de que ela quer ter uma conversa franca.

Como a autonarração exige que a pessoa se sinta confortável no ambiente em que está, há momentos em que isso soa inadequado e, portanto, suspeito. Não é preciso trabalhar na polícia para perceber quão estranho seria se um suspeito – não importa quão inocente seja – começasse a fazer uma autonarração ao entrar na delegacia: "Muito bem, detetive, deixa só eu tirar o paletó e me acomodar." Embora haja uma expectativa de que a pessoa inocente seja mais franca durante a conversa, faz todo o sentido que ela seja cautelosa nos primeiros contatos.

BOMBAS DE FRAGMENTAÇÃO NÃO VERBAIS

É possível perceber com clareza quão confortável uma pessoa está com determinado assunto ao prestarmos atenção na forma como ela se movimenta no espaço físico entre vocês dois. Nós naturalmente nos sentamos mais perto ou nos inclinamos na direção daqueles com quem queremos nos conectar. Se alguém se sente desconfortável ou não está interessado, no entanto, pode inclinar o corpo em direção à porta ou efetivamente se mover nessa direção. Se estiver de pé, pode aproximar ao máximo as costas da parede. Observe se a pessoa recorre a objetos (por exemplo, uma almofada, um vaso, qualquer coisa) para criar uma barreira entre você e ela. Essa barreira é o equivalente verbal de "Não quero falar sobre isso". Como não pode se levantar e ir embora, sua insatisfação se manifesta pelo estabelecimento de uma barreira física entre ela e a fonte do desconforto.

Da mesma maneira que escondemos fisicamente nossos olhos e emocionalmente nosso "eu" quando estamos mentindo, também temos tendência a adotar uma postura mais defensiva e inexpressiva. As análises mais comuns sobre as pistas típicas da linguagem corporal nos dizem que posturas e gestos abertos são sinal de confiança.

Quando as pessoas se sentam com as pernas e os braços junto ao corpo, podem estar ecoando o pensamento *Estou guardando uma coisa*. Quando nos sentimos confortáveis e confiantes, temos tendência a nos esticar – a reivindicar nosso espaço, por assim dizer. Quando nos sentimos menos seguros, cruzamos nossos braços e nossas pernas junto ao corpo, ocupando menos espaço físico.

INTRODUZINDO UM FATOR DE ESTRESSE

Tudo que foi dito antes é verdade. Mas também é muito fácil encenar uma linguagem corporal, e é completamente impraticável avaliá-la quando não se está cara a cara com a pessoa. Para melhorar sua leitura, é preciso aumentar um pouco a pressão introduzindo um fator de estresse emocional.[6] Isso significa uma pergunta ou uma afirmação que não acuse a pessoa de nada, mas que faça alusão a uma possível atitude. Se ela não perceber que você está insinuando alguma coisa, então provavelmente não está escondendo nada. Se ela entrar na defensiva, contudo, então sabe aonde você quer chegar, e a única forma de saber isso é se ela for culpada da acusação.

Suspeita: Um supervisor suspeita que um motorista de ônibus esteja bebendo durante o expediente.

Pergunta: "John, gostaria de pedir seu conselho sobre um assunto. Uma colega minha em outro terminal está com um problema com um dos motoristas de lá. Ela acha que ele pode estar bebendo durante o serviço. Você tem alguma sugestão de como ela poderia falar com o motorista sobre essa questão?"

Se ele for culpado, vai ficar desconfortável. Se não estiver bebendo no trabalho, vai ficar contente que alguém tenha buscado seu conselho e dará sua opinião. Respostas como "Alguém comentou alguma coisa com você?" ou "Por que você está me perguntando isso?" indicam preocupação por parte do funcionário. Isso não significa que ele é definitivamente culpado, mas talvez você queira aumentar ainda mais a pressão. A maneira de fazer isso é por meio de uma acusação, que então coloca a pessoa diretamente na defensiva.

Respondendo a uma acusação

De modo geral, uma resposta verdadeira é curta e direta, sem enrolação, sem ser prolixa nem complicada. Quando uma pessoa não nega as acusações feitas a ela – ou quando oferece apenas um "não" depois de duas páginas de reflexões ou de uma diatribe de dez minutos –, isso é um forte indício de que está mentindo. Uma negativa confiável é direta e clara (por exemplo, "Não, eu não fiz isso"). Se, no entanto, a negação consiste em frases do tipo "Como você pode me perguntar uma coisa dessas?", "Isso é loucura!", "Pergunte para quem me conhece, eu jamais faria isso!" ou "Como você é capaz de questionar minha honestidade?", isso levanta suspeitas, não tanto por causa da reatividade da pessoa, mas porque nenhuma dessas respostas é uma negação direta e clara. Pessoas acusadas injustamente que estão falando a verdade não têm motivo para não negar de forma veemente e clara. Já aquelas que estão mentindo, embora certamente tenham como objetivo se distanciar da culpa, muitas vezes sentem dificuldade em usar uma linguagem direta e inequívoca em sua negação. A conclusão é que, se alguém não matou a própria esposa, então você não quer ouvir que ele amava a esposa e jamais faria isso ou que não é um monstro nem maluco. Se um professor não abusou de uma aluna, você não quer ouvir que ele jamais faria mal a uma criança nem que ele não é um pervertido ou que todo mundo na escola o adora. Se seu funcionário não roubou a empresa ou se sua babá não agrediu seu filho, você não quer ouvir "Todo mundo me ama", "Minha reputação é impecável", "Eu não sou uma pessoa ruim". Tudo isso pode ser verdade – e tudo bem se essas negações forem incluídas em uma resposta completa a uma acusação (após a negação direta) –, mas a peça central da resposta da pessoa deve ser uma *negação firme e clara do ato* e não *provas de que a pessoa jamais seria capaz de cometer o ato em questão*.[7]

E, já que estamos no tema "negações", tenha em mente que nem todas as negações são iguais. Uma frase como "Eu nego essas alegações" não é o mesmo que "Não fui eu". Negar uma alegação significa que a pessoa está se recusando a admitir a culpa, mas isso não é o mesmo que negar a ação. Uma negação confiável é um "não" claro. Só o *não* é um "não" e, nesse sentido, só o *sim* é um "sim".

De modo semelhante, nota-se que falta franqueza à pessoa que fica dando voltas porque precisa ganhar tempo para avaliar as alternativas que tem, preparar uma resposta ou mudar completamente de assunto. A pessoa pode pedir a você que repita a pergunta, pode ela mesma repetir a pergunta, pode pedir a você que explique melhor a pergunta, pode explicar melhor a própria resposta ou responder à sua pergunta com outra pergunta. Por exemplo, ao entrevistar uma pessoa para a vaga de babá, você pode perguntar: "Você já bateu em alguma criança sob os seus cuidados?" As respostas que fazem soar o alerta são mais ou menos assim:

"Essa é uma boa pergunta" ou "Que bom que você perguntou".
"Para ser honesta", "Para ser franca" ou "Para falar a verdade".
"Bem, a resposta para essa pergunta não é tão simples quanto sim ou não."
"Você sabe que eu sou contra esse tipo de coisa. Acho moralmente condenável."

Também nessa categoria está esta resposta tão comum e tão irritante: "Por que eu mentiria para você?" Caso receba essa resposta a uma acusação sua, desconfie. Se alguém está sendo acusado de alguma coisa que de fato fez, provavelmente tem um ótimo motivo para mentir. E se você acha que o outro está mentindo, seja qual for a situação, é melhor não confrontar a pessoa imediatamente. Se você estiver errado, pode prejudicar o relacionamento e fazer com que a pessoa instantaneamente fique na defensiva, dificultando a coleta de mais informações.

A ENERGIA DAS MENTIRAS

Como contar uma mentira exige mais energia mental do que dizer a verdade, os mentirosos geralmente recorrem a atalhos – o que significa que eles se expressam de um jeito que minimiza a necessidade de pensar e refletir profundamente. Portanto, esteja ciente dos quatro sinais de dissimulação apresentados a seguir, porque, caso você escute ou leia um ou mais deles, terá boas razões para se preocupar:

- Discursos categóricos e filosóficos
- Afirmações autorreferentes
- Ausência de complexidade
- Alívio ao fim da conversa

Discursos categóricos e filosóficos

Qualquer afirmação, verbal ou escrita, que comece por descrever o sentido da igualdade ou da justiça pode ser problemática, a menos que a pessoa esteja realmente fazendo uma confissão – quando, aí sim, esse tipo de declaração seria esperada. Fique atento a tais discursos (pontificar) e a digressões filosóficas, que podem incluir qualquer coisa desde "Não deveria ser assim" até "Os jovens de hoje em dia não entendem" e "Este não é o país de que eu me lembro". A psicologia por trás do comportamento de pontificar ou filosofar é que, inconscientemente, a pessoa está procurando uma justificativa interna – e uma validação externa – para suas atitudes ao mesmo tempo que tenta se apresentar como moral e justa, com valores e ideais bons e saudáveis.

Afirmações autorreferentes

Uma afirmação autorreferente, em que a pessoa se refere às próprias palavras, também é um alerta vermelho. As pessoas escrevem frases do tipo "Como escrito acima", "Como mencionado anteriormente" e "Como explicado antes" para evitar repetir informações incorretas e porque é preciso maior energia mental para mentir. É simplesmente mais fácil fazer referência ao que foi dito do que contar a mentira mais uma vez. Na conversa, ocorre a mesma coisa. Você pode perceber o uso excessivo de frases do tipo "Como eu disse anteriormente" ou "Já respondi a isso antes". Em geral, é muito provável que um mentiroso repita palavras e frases, para manter sua história mais simples e reduzir o fardo cognitivo.[8]

Como contar uma mentira exige mais energia mental do que dizer a verdade, os mentirosos geralmente recorrem a atalhos – o que significa que eles se expressam de um jeito que minimiza a necessidade de pensar e refletir profundamente.

Ausência de complexidade

Afirmações honestas e frases verdadeiras normalmente fazem uso de uma estrutura sintática mais complexa, porque, para sermos precisos, é necessário fazer distinções – empregando palavras ou expressões como *exceto, sem, apesar de* ou *sem contar*. Uma pessoa que está mentindo tem mais dificuldade com esses termos porque é cognitivamente mais desgastante manter registro daquilo que ela não fez e do que não aconteceu enquanto relata o que fez e o que aconteceu.

Vejamos como exemplo a resenha de um produto. Quanto mais verdadeira a resenha, maior a probabilidade de conter frases mais longas e complexas. Por quê? Porque a pessoa está qualificando sua opinião para garantir a honestidade dela, o que significa que o produto não é "a melhor coisa que já inventaram"; em vez disso, "é, em muitos aspectos, a melhor coisa que já inventaram, exceto pelo recurso XYZ, que parece desatualizado". Faça sempre uma distinção crítica. Mentirosos tendem a usar palavras mais longas e *complicadas*, mas não *complexas*. Suas frases são sinuosas e cheias de falácias e detalhes insignificantes, enquanto quem conta a verdade se comunica com frases claras e geralmente diretas, ainda que apresentem uma estrutura complexa.

Alívio ao fim da conversa

Como mentir consome energia, observe atentamente quando a conversa muda de direção. A pessoa fica mais feliz? Parece mais relaxada? Talvez dê até um sorriso ou uma risada de nervosismo. Observe a postura dela. Ficou mais relaxada e menos defensiva? O que entrega aqui é quão rápida e intensamente o humor dela muda, indício de seu desconforto com o assunto anterior. Teste-a para ver se ela muda rápido de assunto. Se ela foi acusada de algo terrível e é inocente, vai se ressentir das acusações, insistir para que o assunto seja explorado mais a fundo – imediatamente, se possível, ou em um futuro próximo – e demonstrar não apenas disposição como um forte desejo de fazer isso. O culpado quer que o assunto mude e a conversa acabe, enquanto o inocente quer sempre trocar mais informações.

Embora não haja dúvida de que os sinais da linguagem corporal sejam, isoladamente, pouco confiáveis, em especial aqueles que podem ser facilmente controlados, eles oferecem uma oportunidade muitas vezes deixada de lado – não apesar da facilidade com que administramos nossa linguagem corporal, mas justamente por causa dela. No capítulo a seguir vamos aprender como a postura de uma pessoa em interações *protegidas* e *desprotegidas* nos permite ver seus verdadeiros planos e opiniões.

O culpado quer que o assunto mude e a conversa acabe, enquanto o inocente quer sempre trocar mais informações.

7

A arte de ler um blefe

O psicólogo William James escreveu: "Não rimos porque estamos felizes; estamos felizes porque rimos." Extensas pesquisas mostram que a linguagem corporal não apenas reflete como também afeta nossos pensamentos, sentimentos e comportamentos. A mente e o corpo trabalham juntos para formar o que chamamos de *cognição incorporada*, segundo a qual a maneira como agimos – nossa postura física, nossas poses e nossos gestos – produz uma ampla gama de mudanças cognitivas e comportamentais quase instantâneas. Em um estudo, pediu-se aleatoriamente aos participantes que adotassem posturas abertas e expansivas (membros abertos e ocupando mais espaço) ou posturas fechadas e retraídas. Aqueles que adotaram as poses expansivas por apenas 60 segundos não apenas se sentiram mais poderosos e autoconfiantes como agiram de modo consistente com o efeito desse poder e demonstraram maior disposição para agir.[1] Em outro experimento, os indivíduos foram aleatoriamente orientados a se sentarem curvados ou com as costas retas enquanto preenchiam um formulário para uma suposta vaga de emprego. Quando foi pedido que fizessem uma autoavaliação honesta, os do segundo grupo se classificaram como mais competentes e capazes do que os colegas desleixados.[2]

Em situações casuais, o nível de confiança de uma pessoa pode ser observado por meio de seu comportamento geral. Isso porque podemos presumir uma correlação com seus pensamentos. Em outras palavras, se a pessoa está de cabeça baixa, provavelmente está se sentindo para baixo. Mas devo enfatizar que isso se aplica *apenas* a observações ou interações desprotegidas. Não funciona em situações em que a pessoa saiba que está sendo observada – como em uma negociação ou em qualquer disputa de poder –, porque ela pode estar fazendo uma encenação. As pistas que a linguagem corporal oferece geralmente são falsas quando se trata de interações protegidas. No entanto, é justamente por isso que temos uma poderosa vantagem. Vamos olhar para a psicologia pelas lentes da tecnologia.

O ERRO DA APPLE

Quando o primeiro iPod foi lançado pela Apple, ele vinha com um recurso bacana chamado *shuffle*. Nesse modo, as músicas de nossa lista de reprodução seriam reproduzidas aleatoriamente. O problema é que a verdadeira aleatoriedade nem sempre parece tão aleatória, e os donos de iPods tiveram que lidar com a mesma música tocando em sequência ou com certas músicas sendo reproduzidas com grande frequência enquanto, pelo menos a curto prazo, outras músicas nunca ou quase nunca eram reproduzidas. Ao jogar uma moeda para o alto, a probabilidade de uma distribuição uniforme de cara e coroa surge ao longo do tempo, mas também podemos obter uma sequência de caras ou coroas, o que nos dá a impressão de que há algo errado. A Apple então introduziu um novo algoritmo para tornar a lista de reprodução mais aleatória – e tocar as músicas de acordo com a forma como presumimos que a aleatoriedade funciona. Essa inovação foi útil quando se trata de ouvir a lista de reprodução inteira, mas esteja atento, comprador: a distribuição perfeitamente uniforme das músicas é a prova de que a aleatoriedade é falsa.

MESA DE PÔQUER

Um jogador está cometendo um grande erro ao acreditar que, se um evento ocorre com maior frequência do que o normal durante um determinado período, então vai ocorrer com menos frequência no futuro (existe até um termo técnico para essa suposição: *falácia do apostador*). Ou, dito de outra forma, ele estaria equivocado ao achar que eventos aleatórios se tornam mais ou menos prováveis devido à frequência com que ocorreram no passado. Por exemplo, se você jogar uma moeda cinco vezes e ela der cara todas as cinco vezes, talvez ache que a moeda *está fadada* a dar coroa. No entanto, como cada evento é independente, a probabilidade de dar cara ou coroa é de 50% *todas as vezes que você a lança*, independentemente do número de caras ou coroas que vieram antes. No pôquer, um jogador estaria pouco inclinado a blefar depois de ganhar uma rodada alta por presumir que os outros jogadores não acreditariam em sua sorte – receber duas mãos fortes em sequência – e pagariam para ver porque ele *estaria fadado* a receber uma mão fraca.[3]

Isso nos leva ao enigma que se impõe a alguém que esteja blefando. De forma bastante semelhante à Apple, quem blefa precisa simular a aparência de autenticidade. O caso aqui é que, de maneira muito parecida com a aleatoriedade legítima, a verdade nem sempre soa verdadeira. Deixe-me explicar a psicologia por trás disso: digamos que você mostre a alguém algumas fotografias extremamente perturbadoras da cena de um crime e a reação dele não seja muito intensa. Você pode supor que essa pessoa não tenha empatia nem escrúpulos e que é maior a probabilidade de que ela seja culpada do crime. É justamente por isso, porém, que o culpado quase sempre vai demonstrar repúdio. Na cabeça dele, é isso que as pessoas boas e normais fazem quando são apresentadas a imagens repugnantes. Isso não significa que uma pessoa inocente não reagiria do mesmo modo, apenas que ela não se sentiria na obrigação de fazê-lo.

Vejamos outro exemplo. Um casal é informado de que sua filha está desaparecida. Eles ficam desesperados e talvez culpem um ao outro ou a si mesmos (dizendo, por exemplo, "Eu não devia tê-la deixado ir à casa daquela amiga", "Por que a deixei sozinha?"). Essas reações apontam para a inocência, não para a culpa. Pessoas culpadas raramente reivindicam qualquer responsabilidade, *porque são de fato culpadas*. Na cabeça delas, a última coisa que devem fazer é colocar um letreiro neon apontando para si próprias. Infelizmente, pessoas inocentes não escondem seus sentimentos de culpa ou remorso. Elas são rápidas em se punir pelo que poderiam ou deveriam ter feito de outra forma.

Cientes disso, agora somos capazes de detectar um blefe por meio do *gerenciamento de impressões* e pelo erro universal que quase todo mundo comete.[4]

EM TROCAS PROTEGIDAS

Sun Tzu, em *A arte da guerra*, destila o blefe com precisão: se capaz, pareça incapaz; se ativo, pareça inativo; se perto, pareça longe; se longe, pareça perto. Quando uma pessoa está blefando, ela gerencia a impressão dos outros sobre si para transmitir o efeito "certo" e servir aos seus objetivos, quaisquer que sejam. Por outro lado, a pessoa sincera não está interessada em como está sendo vista. Ela não se preocupa com sua imagem, ao contrário de sua contraparte embusteira, que se concentra apenas nas impressões dos outros sobre si e faz um esforço enorme para apresentar determinada imagem. O problema é que ela quase sempre vai longe demais. Seu algoritmo está desligado.

Um blefe ocorre quando alguém na prática é contra alguma coisa, mas finge ser a favor – ou quando é a favor, mas finge ser contra. Consequentemente, quando uma pessoa blefa, ela normalmente tenta parecer que não se importa quando na verdade se importa e finge estar preocupada quando na verdade não está. De uma forma ou de outra, ela está tentando passar uma falsa impressão para disfarçar suas verdadeiras intenções. Eis aí a chave: pessoas que blefam normalmente exageram, seja na direção que for, e você pode desmascarar um blefe na mesma hora ao observar a impressão que alguém está tentando passar.

MESA DE PÔQUER

Um jogador aposta pesado e aumenta o pote. Ele tem uma boa mão ou coragem pura e simples? Quando uma pessoa está blefando no pôquer, ela deseja mostrar que não é tímida. Talvez aposte as fichas rápido demais. Mas, se ela tiver mesmo uma boa mão, o que pode fazer? Pode deliberar um pouco, colocando as fichas lentamente, aparentando não estar tão segura em relação à mão. Os profissionais do pôquer sabem que uma pessoa que está blefando vai passar a impressão de que tem uma mão forte, enquanto a pessoa com uma mão forte muitas vezes dá a impressão de que sua mão é fraca.

O sócio de um escritório de advocacia diz que vai embora a menos que possa assumir determinado caso. É uma ameaça vazia ou para valer? Se fosse legítima, ele provavelmente não faria questão de tentar transmitir sua confiança. No entanto, podemos facilmente observar um ar de excesso de confiança se ele estiver blefando. Isso, é claro, se presumirmos que, se ele está no escritório, é porque quer estar lá. E que será "forçado" a sair apenas se não conseguir o que está pedindo. A lógica dita que ele prefere ficar e pegar o caso a não pegar e ir embora. Se ele parecer comprometido com a ideia de sair se não conseguir o caso, podemos supor que está blefando – porque sabemos que ele não quer de fato sair, mas está tentando passar essa impressão.

"A dama, a meu ver, exagera em seus protestos" é uma frase de *Hamlet*, de William Shakespeare, dita pela rainha Gertrude enquanto ela observa a atuação exageradamente insincera de uma personagem na peça dentro da peça. Isso deixa implícito que uma pessoa que proclama algo muito ferrenhamente está escondendo a verdade. As pessoas podem assumir uma fachada de força porque sabem que vão desabar se tiverem que defender sua posição. Diz-se que as pessoas a quem é mais fácil vender alguma coisa são aquelas que têm uma placa dizendo: "Proibido vendedores." O raciocínio por trás disso é que essas pessoas sabem, no fundo, que, se um vendedor as abordar, elas vão comprar o que quer que ele oferecer. Da mesma forma, se o advogado estiver sendo sincero ao dizer que vai embora se não conseguir o que quer, ele então vai parecer relutante, até mesmo em conflito. Vai usar frases como "Sinto muito, preciso disso para que as coisas andem" ou "Receio que não haja muita margem de negociação aqui". As palavras dessa pessoa proporcionam conforto ao oponente, não um escudo para si mesmo.

Você não deveria ter que vender a verdade; ela deveria falar por si só. Cenários de Halloween com "Buuuu" e "Susto!" não assustam ninguém. Se você tem idade suficiente para ler, percebe que eles são um péssimo substituto para o impacto desejado. Expressões de ênfase, exageradas, costumam indicar que há um gerenciamento ativo da impressão que se quer passar. Imagine um suspeito que diz que é "100% inocente" ou que está "absolutamente, completamente seguro de que...". As pessoas costumam acrescentar essas palavras com a intenção de passar uma imagem de confiança, mas, se eu perguntar se você já roubou um banco, você provavelmente responderia "Não", e não "Tenho plena certeza de que jamais roubei um banco" ou "Juro que nunca roubei um banco".

Pessoas que blefam normalmente exageram, seja na direção que for, e você pode desmascarar um blefe na mesma hora ao observar a impressão que alguém está tentando passar.

A pessoa que não está blefando normalmente é mais solene – e menos propensa a ficar emotiva. No caso do nosso advogado, se ele não estiver blefando, então sabe que terá que ir embora se for preciso. Mas, se estiver blefando, aquilo não vai dar em nada, porque ele não vai embora! As posturas são completamente diferentes e deixam claro se é um blefe ou não. Siga a lógica. Uma ameaça legítima sinaliza que a pessoa prefere não ter de cumpri-la, porque no fundo o que ela quer é outra coisa, uma coisa maior. Caso contrário, ela simplesmente cumpriria a ameaça sem aviso nenhum. Em outras palavras, uma pessoa que diz "Ou você me dá X, ou eu faço Y" prefere ter X a ter Y. Senão, não estaria falando isso.

Um especialista em avaliação de ameaças, Gavin de Becker, explica que as ameaças geralmente representam desespero, não intenção.[5] Quem ameaça quer influenciar os acontecimentos, mas até aquela altura não conseguiu ter êxito. Portanto, a pessoa recorre a ameaças para gerar ansiedade nos outros, mas "a ameaça significa que, pelo menos por enquanto (e geralmente para sempre), essa pessoa prefere palavras alarmantes a ações prejudiciais".[6] Voltando ao nosso cenário ou a qualquer blefe que seja, quanto menos uma pessoa fala e quanto menos tenta convencer os outros a concordar com ela, mais legitimidade se deve dar à sua ameaça.

O MUNDO É UM PALCO

Para entendermos melhor a psicologia por trás disso tudo, é válido pensar em como nos comportamos de maneira geral. Uma pessoa com autoestima alta não é aquela que sai por aí mostrando ao mundo como é maravilhosa. É o sujeito inseguro que assume um ar de superioridade, recorrendo à arrogância ou coisa pior para compensar o que de fato pensa sobre si mesma. Ele está, no fundo, tentando comunicar um "eu falso".

Aqui, também, uma pessoa que não tem confiança em sua capacidade de ser eficaz – em sua posição – vai tentar compensar de modo a passar a imagem desejada. Compensar de forma exagerada é o sinal indiscutível de que estamos diante de um blefador. Ele reafirma constantemente sua posição em termos absolutos.

A confiança que alguém tem em sua postura fala por si só, assim como a confiança que uma pessoa tem em si mesma fala por si só. É a pessoa insegura que precisa nos dizer quão confiante ela é – porque é a única maneira que tem de sabermos.

Quando as pessoas fingem ser confiantes, seja em uma rodada de pôquer ou no mundo real, elas manipulam quanto parecem autoconfiantes. Como associamos confiança a calma, vemos a pessoa fazer uma tentativa deliberada de passar essa imagem.

Por exemplo, policiais sabem que um suspeito pode bocejar para demonstrar que está relaxado, sereno ou até mesmo entediado. Se a pessoa estiver sentada, pode ser que ela se curve ou abra os braços, ocupando mais espaço, como que demonstrando certo conforto e tranquilidade. Ou então o suspeito pode começar a tirar fiapos da calça na intenção deliberada de mostrar que está preocupado com algo trivial e que visivelmente não se importa com as acusações. O único problema (para o culpado) é que uma pessoa acusada injustamente fica bastante indignada, não presta atenção em atividades desimportantes e não tenta passar a imagem "certa".

MESA DE PÔQUER

Na tentativa de gerenciar a forma como os outros olham para ele, um amador acaba por se entregar fazendo uma das seguintes coisas, ou ambas: primeiro, ao receber uma mão boa, reage com um "tsc, tsc" ou um suspiro alto, acompanhado de um dar de ombros. Ele quer que você saiba que está triste e que não recebeu as cartas que queria e vai passar uma bela imagem de desânimo e tristeza – tudo falso. Segundo, quando tem uma mão fraca, ele vai olhar fixamente para o *flop* (no estilo de jogo Texas Hold'em), em uma tentativa legítima de conferir se deixou passar alguma coisa. No entanto, com uma mão forte, ele não apenas deixa de olhar para o *flop*, mas também olha para todo lado e para qualquer lugar ao redor, para parecer o mais desinteressado possível.

Um blefe geralmente ocorre em tempo real. Mas o que fazer quando ouvimos o relato de algo que já aconteceu? Por sorte, narrativas falsas deixam impressões digitais linguísticas, e no capítulo a seguir você vai aprender a identificar se o relato de uma pessoa sobre qualquer conversa, interação ou troca é toda a verdade, nada mais que a verdade, ou uma completa obra de ficção.

8
Inventando histórias: álibis e papos furados

Digamos que você esteja entrevistando uma pessoa para uma vaga de emprego e ela conte uma história sobre um antigo chefe. Ela está inventando? Você pergunta ao seu filho adolescente por que ele não foi à aula e ele apresenta um álibi. Você deve acreditar nele ou não? Algumas pessoas são capazes de inventar histórias fascinantes, contadas com paixão e ricas em detalhes, que no entanto são mentiras completas e absolutas. Para aprender a distinguir fato de ficção, comecemos pelos detalhes.

A ESTRUTURA DE UM RELATO E A NATUREZA DOS DETALHES

A inclusão ou exclusão de detalhes em um relato oral ou escrito é fonte de muita confusão quando se trata de detecção de mentiras. Mesmo entre profissionais experientes, alguns dirão que qualquer história com muitos detalhes é provavelmente verdadeira, enquanto outros afirmarão que uma história ou um relato verdadeiro contém apenas fatos relevantes e qualquer outra coisa é uma tentativa de ludibriar. A confusão em torno dos detalhes é resultado de várias nuances entrelaçadas, que podemos separar em três fatores principais:

Relevância: quão relevantes são os detalhes para a totalidade da história ou da declaração
Proporção e posição: onde e como os detalhes aparecem e, quantitativamente falando, quanto tempo é dedicado a eles
Integração: como os detalhes vão sendo sobrepostos e se estão no contexto físico e de conversação adequado

De modo geral, um alto grau de detalhes relevantes e vívidos é uma indicação confiável de sinceridade. Relatos inventados, por outro lado, são mais propensos a incluir muitos detalhes irrelevantes ou ser desequilibrados – o que significa que a pessoa pode ter mencionado apenas alguns detalhes abstratos, mas eles representam 50% de toda a história. Por fim, mesmo quando os dois critérios acima são atendidos (os detalhes são vívidos e relevantes), devemos prestar atenção em como e onde eles são integrados à totalidade da narrativa.

Para entender a natureza dos detalhes precisamos de contexto, portanto tragamos uma lente para examinar a estrutura de um relato. O senso comum nos diz que uma afirmação verdadeira deve ser coesa e coerente, sem inconsistências nem contradições lógicas, mas nem sempre isso acontece quando se trata de eventos traumáticos. Quanto mais intensa a memória, menos devemos esperar um fluxo ordenado, com começo, meio e fim. A emoção guia nossa lembrança, de modo que as partes mais intensas (exceto a dissociação) inundam a mente primeiro. Isso ocorre porque a adrenalina fixa as memórias (o que explica por que nos lembramos com muita facilidade de insultos ou de elogios – a reação de lutar, fugir ou paralisar entra em cena e a liberação de adrenalina torna a lembrança mais intensa).[1]

Apesar desse fato, quando uma pessoa está dizendo a verdade a preparação para o "evento principal" ou a abertura da história geralmente são leves em detalhes, a menos que sejam altamente significativos para a narrativa. Uma história falsa geralmente contém uma litania de fatos irrelevantes no princípio, porque (a) a pessoa está tentando se afirmar como confiável, tentando ser o mais meticulosa e específica possível, e (b) há muitos elementos verdadeiros na história porque é durante e depois do "crime" ou da mentira que os detalhes precisam ser reorganizados, e a verdade, alterada, de modo que é relativamente seguro se dedicar com afinco a se lembrar de todos os detalhes da parte inicial, sem se preocupar em adulterar os fatos.

Alguém que faz um relato mentiroso geralmente se concentra em detalhes irrelevantes para simular a profundidade e a riqueza naturalmente encontradas em um relato verdadeiro. A conversa é temperada com minúcias para nos distrair da verdade, como se estivesse jogando areia na nossa cara. A pessoa sabe que, se o relato dela for muito vago ou muito genérico, talvez você não a enxergue como digna de credibilidade. Ao mesmo tempo, ela também sabe que quanto mais complexa a mentira, mais difícil sustentá-la. Ela tende, então, a dar ênfase a *informações verdadeiras e irrelevantes*, na tentativa de duplicar as camadas de verdade, ao mesmo tempo que evita fabricar detalhes demais que acabem por comprometê-la mais tarde.

Lembre-se sempre de que detalhes não solicitados – aqueles que a pessoa menciona sem que ninguém tenha pedido – devem ser concisos e contextualizados, ou seja, prontamente relevantes à questão, e não um trem lotado de tergiversações. Por exemplo, dizer que o assaltante "fedia a colônia" é normal. Um adendo desnecessário se torna problemático e duvidoso: "Ele fedia a colônia. Daquelas baratas, que provavelmente custam 5 dólares o vidro. Não sei como as pessoas conseguem usar essas coisas." Verdadeiro? Talvez. Relevante? Não. Mais uma vez, é preciso fazer uma distinção entre um evento traumático e um não traumático. Quanto mais recente e profundo o trauma, mais esperamos que esses detalhes sejam concisos e convincentes. Se, no entanto, a pessoa está apenas nos contando uma história sobre algo que aconteceu – que, apesar de dramático, não foi traumático –, então ela pode muito bem adicionar "sabor" e "cor" à narrativa. Vale repetir, porém, que quanto mais emocionalmente carregada for a situação – e quanto maior a dor pela qual a pessoa passou –, menos tergiversações desnecessárias são esperadas.

Continuando: a parte principal da narrativa – aquela em que a ação acontece – costuma ser a mais emocionalmente expressiva e abrangente nos relatos verdadeiros, mas nos falsos é mencionada de passagem ou desproporcionalmente truncada. Se o meio – a peça central da história – for tão curto quanto o começo e o fim, então são grandes as chances de que seja um embuste. No entanto, essa, por si só, não é uma indicação confiável. É preciso procurar sempre proporção e equilíbrio em um relato.

Além disso, da mesma forma que durante uma conversa, uma entrevista ou um interrogatório difícil uma pessoa culpada fica feliz em mudar de assunto e acabar com a conversa, uma pessoa que oferece um relato falso se sente igualmente impelida a encerrá-lo. Portanto, os relatos falsos geralmente carecem de uma releitura bem definida das consequências. É óbvio que, com histórias traumáticas e carregadas de emoção, deveríamos ver camadas vívidas de sentimentos e reflexões, mas, para o mentiroso, esse aspecto é o mais difícil de fabricar. Ele precisa inventar não só o que aconteceu, mas também como isso o afetou e a gama de emoções que ele teria genuinamente sentido no momento.

Para piorar, ao mesmo tempo ele precisa negar ou acomodar uma realidade alternativa – a verdade. A introdução de sua história permite que ele se atenha aos fatos, e a parte principal dela precisa de alguns ajustes, mas elaborar a conclusão é difícil e cognitivamente desgastante. Isso ocorre principalmente porque ele não acredita que seja o fator crucial em relatos verdadeiros, portanto o encerra o mais rápido possível. Assim, quase todas as histórias inventadas terminarão no clímax, relatando o mais brevemente possível o que aconteceu depois.

Por fim, esteja atento a narrativas que terminem com frases como "E isso é tudo que tenho para contar", "Não sei mais o que dizer" ou "Isso é meio que tudo". A mentira fica marcada – embora sem dúvida não de forma conclusiva – quando uma pessoa afirma, sem que lhe tenham perguntado, que não tem como dizer mais nada. Pense nisto: se uma pessoa não sabe mais nada que possa ser útil, ela não dirá mais nada. No entanto, como *sabe* de mais coisas, ela se sente compelida a dizer que não sabe mais nada. Essa é uma pista sutil, mas muito relevante.

ESCLARECIMENTOS E AFIRMAÇÕES ÓBVIAS

Todos os fatores mencionados anteriormente são alertas vermelhos, mas um alerta vermelho gigante é quando alguém qualifica os detalhes supérfluos e, mais ainda, quando esclarece um detalhe que percebemos ter sido impulsionado por um motivo óbvio. Veja a seguinte declaração:

> "Acordei às sete da manhã, acho. Não, talvez fosse mais perto das 7h05, porque eu estava muito cansado e precisava dormir um pouco mais. Então desci para tomar o café, porque não tinha comido muito na noite anterior e, portanto, estava com fome. Fiz dois ovos – não, três, estou lembrando agora – e duas torradas com manteiga."

Esse relato não é rico em detalhes relevantes. Esclarecer a hora exata em que a pessoa se levantou e quantos ovos comeu e, em seguida, explicar o raciocínio por trás dessas ações é um duplo sinal de embuste. A pessoa faz adendos à narrativa para apresentar motivações razoáveis para seu comportamento, para mostrar que é ponderada e lógica, que age racionalmente. Ele se levantou mais tarde *porque* estava muito cansado. Ele tomou café da manhã *porque* não tinha comido muito na noite anterior. Ele é um cara razoável que faz coisas que fazem sentido, então não há como ele ter feito nada de errado!

MESA DE PÔQUER

Um jogador que atira suas fichas no meio da mesa para fazer uma aposta e depois faz um esforço para empilhá-las de forma organizada talvez esteja blefando. Ele não quer provocar no adversário o reflexo de pagar para ver, que na verdade é uma espécie de psicologia reversa. Ou seja, ele teme que atirar suas fichas de maneira desleixada mexa com o ego do adversário, passando uma mensagem como *Eu não respeito você o suficiente para deixar as fichas organizadas*. Pode parecer uma reação exagerada, mas é o equivalente no pôquer a uma briga de estrada. Uma infração mínima é interpretada como falta de respeito e um jogador pode ficar furioso – impulsivo, imprudente ou agressivo – e pagar para ver mesmo que não tenha uma mão boa (que, no entanto, pode ser melhor do que a do jogador que está blefando).

A psicologia por trás da disposição que uma pessoa tem de questionar as próprias palavras em voz alta também é instrutiva. Ela quer desesperadamente convencer você de que é honesta e confiável, portanto se esforça para ser perfeitamente precisa ao relembrar detalhes. Assim, se ela está tomando o cuidado de dizer quantas torradas comeu, você achará que está sendo honesta a respeito de todo o resto. Claro, se ela estiver mentindo, então não tem como ser honesta a respeito de todo o resto, logo seu nível de precisão e exatidão se manifesta apenas nesses detalhes irrelevantes. Para que fique claro, se qualifica *todos* os detalhes, relevantes ou não, isso não é um indício de embuste – e sim de uma tendência (possivelmente neurótica) para a precisão. Esse costuma ser o caso com pessoas que gostam de conversar e ficam muito animadas em compartilhar, se conectar e conversar, e também quando uma pessoa não está se defendendo de uma insinuação ou não se sente ameaçada pela interação.

> Alguém que faz um relato mentiroso geralmente se concentra bastante em detalhes irrelevantes para simular a profundidade e a riqueza naturalmente encontradas em um relato verdadeiro. A conversa é temperada com minúcias para nos distrair da verdade, como se estivesse jogando areia na nossa cara.

Em suma, um relato deve conter detalhes relevantes, e aqueles aparentemente menores ou insignificantes não devem responder pela maior parte da narrativa de ninguém. O passo seguinte para determinar a veracidade de uma afirmação é examinar a natureza *qualitativa* dos detalhes. Há quatro elementos-chave que precisamos analisar para separar fato de ficção.

Narrativa vívida

Relatos verdadeiros costumam conter descrições vívidas das interações das pessoas e oferecer uma recriação literal ou quase uma reprodução dos diálogos. Um relato verdadeiro também oferece uma representação espacial clara – ou seja, onde a pessoa estava fisicamente em relação a outras pessoas e a outros objetos –, bem como palavras que indicam tempo e movimento. Por exemplo, o recontar preciso de uma interação pode ser assim:

> "O John me perguntou: 'Por que você está tremendo? Você está bem?'"
> "Eu me virei para ele e gritei, sem rodeios: 'Por que você está me seguindo?'. Ele só me olhou de volta, sem dizer uma única palavra."

Múltiplos sentidos

Quanto mais sobrepostos forem os detalhes – na medida em que incluírem mais sentidos, não apenas a aparência de determinada coisa, mas também como era o cheiro, o som e a textura dela –, mais confiáveis eles são. Quando esses detalhes estão incorporados à narrativa, eles são excepcionalmente confiáveis. Por exemplo, uma interação incorporada multissensorial é mais ou menos assim:

> "O sol ofuscou meus olhos quando virei a esquina, e foi aí que esbarrei nele."
> "Ela derrubou a caneca branca enorme dela, espirrando café quente em mim."

Perspectiva de terceiros

Obtemos uma outra camada de autenticidade quando um detalhe contém as palavras ou a perspectiva de outra pessoa. Suponha que você pergunte à sua amiga onde ela estava na noite anterior. Ela diz que teve que trabalhar até tarde. Mas você não está convencido de que isso seja verdade, então insiste para obter mais informações e pergunta o que ela jantou. Eis duas respostas que ela pode dar:

> "Ah, eu não estava com muita fome, então cheguei em casa e fiquei um tempinho vendo TV com a minha prima. Ela fez macarrão, mas não quis comer e fui me deitar."
>
> "Ah, eu não estava com muita fome, então cheguei em casa e fiquei um tempinho vendo TV. Minha prima ficou chocada quando eu disse que não queria comer, principalmente o famoso macarrão dela. Ela disse: 'É a primeira vez que eu te vejo fazer isso.'"

Ambas as respostas contêm praticamente as mesmas informações, mas a segunda adiciona outra camada de profundidade: o ponto de vista da prima. Nosso instinto talvez nos diga que essa resposta é mais crível e que é mais provável que ela seja verdadeira. Claro que não incluir o ponto de vista de outra pessoa não significa que alguém esteja mentindo, mas a inclusão é um indício confiável de autenticidade.

Transições de cena e negação

Se estivermos falando de um evento não traumático, a pessoa que diz a verdade está revisitando uma lembrança, que é como um filme que passa na cabeça dela. Uma pessoa que está forjando uma história é obrigada a inventar o que aconteceu, cena por cena, de modo que o resultado se pareça mais com uma série de imagens ou fotografias coladas para criar a impressão de movimento.

Se você pensar no que fez ontem à noite, vai se lembrar de uma sequência de eventos, onde uma cena deságua na seguinte. Se estivesse inventando os detalhes do que fez ontem à noite, tudo seria menos fluido. Provavelmente as cenas viriam aos pedaços, com você listando coisas específicas que fez: "Cheguei em casa... jantei... vi um pouco de TV." Mas é pouco provável que você forneça qualquer informação sobre o que aconteceu entre as cenas, enquanto passava de uma ação para outra. É mais revelador ainda quando os detalhes explicam tudo que aconteceu, mas não explicam o que não aconteceu.

Falemos do maior detetive fictício de todos os tempos para ilustrar esse insight psicológico. O livro *As memórias de Sherlock Holmes*, publicado em 1894 por Sir Arthur Conan Doyle, é uma coletânea de contos que inclui "Silver Blaze", um mistério sobre o desaparecimento de um famoso cavalo de corrida na véspera de um importante páreo e o suposto assassinato do treinador do cavalo.

Gregory (detetive da Scotland Yard): "Existe algum outro ponto para o qual você gostaria de chamar minha atenção?"

Holmes: "Para o curioso incidente envolvendo o cachorro durante a noite."

Gregory: "O cachorro não fez nada durante a noite."

Holmes: "Esse foi o curioso incidente."

Holmes soluciona o mistério quando percebe que o cachorro não latiu quando era esperado que latisse. Ele concluiu que o culpado era familiar ao cachorro, razão pela qual ele não havia latido. A pista definitiva não era o que estava presente, mas o que estava ausente. Uma pessoa que mente fala sobre algo que não vivenciou, portanto ela se concentra em explicar sua versão. Seu pensamento é notavelmente unidimensional, regido pela regra do pensamento primário.

A negação não é um pensamento primário. Se eu dissesse "Não pense em um elefante", você provavelmente começaria a pensar em... um elefante. Isso porque, para processar meu pedido, você precisa primeiro pensar no que não deveria estar pensando – um elefante.[2] Para compartilhar uma experiência que você não teve, primeiro você precisa imaginar ter tido a experiência. Isso significa pensar no que pode ter acontecido, mas não no que pode *não* ter acontecido. A questão é: como podemos distinguir o que não aconteceu em uma história verdadeira do que não aconteceu em uma história fabricada? É óbvio que uma quantidade quase infinita de detalhes não teria ocorrido. A resposta é que tomamos nota do que chamo de *contratempos embutidos* (ou seja, atrasos, dificuldades e interrupções) na narrativa, porque um relato inventado provavelmente não vai conter esses elementos. Por exemplo:

- "Eu derrubei um vaso quando estava voltando para a cozinha."
- "Queimei minha pipoca de micro-ondas porque coloquei a potência muito alta."
- "Ele precisou tentar três ou quatro vezes até o motor pegar."
- "Ele derramou metade do café em si mesmo quando tentou abrir caminho na multidão."
- "As mãos dela tremiam tanto que ela não conseguia nem abrir a bolsa."

Esses são exemplos de contratempos embutidos, difíceis de serem fabricados. Se você não fez pipoca nem foi até a cozinha, a ideia de ter queimado a pipoca ou derrubado um vaso (exemplos de negação) exige um grau profundo de pensamento. Uma exceção digna de nota é que esperamos ouvir falar de contratempos quando alguém os usa para manter intacta a lógica de uma história fictícia (por exemplo, dizer que o carro não pegou para explicar um atraso ou que derrubou o vaso para explicar os cacos no chão).

A TÉCNICA DEFINITIVA DE ESCRUTÍNIO DE ÁLIBIS

Você já quis ligar uma pessoa a um detector de mentiras para ver se ela estava dizendo a verdade? Com a tática que apresentei pela primeira vez em meu livro *Never Be Lied to Again*, você pode descobrir instantaneamente se a história de alguém confere ou se seu álibi não passa de um monte de mentiras – tudo isso fazendo algumas perguntas simples.[3]

Digamos que uma mulher desconfie que o namorado não foi ao cinema com o irmão, como ele disse, mas que saiu com um grupo de amigos. Perguntar simplesmente se ele foi mesmo ao cinema o levaria apenas a responder: "Fui." Isso porque, se ele foi mesmo, diria "Fui", e, se não tiver ido, provavelmente sustentaria sua versão e diria "Fui". Usando a técnica de escrutínio de álibi, ela faria duas perguntas para confirmar os fatos e, em seguida, introduziria um "fato" inventado. Por exemplo, primeiro ela perguntaria "Que filme vocês foram ver?" e, talvez, "Que horas o filme acabou?". A seguir ela apresentaria seu próprio fato e diria algo como "Ah, eu soube que o trânsito estava todo engarrafado naquela hora por causa de uma tubulação que rompeu". Agora, tudo que ela tem a fazer é esperar para ver como ele responde.

Se estivermos falando de um evento não traumático, a pessoa que diz a verdade está revisitando uma lembrança, que é como um filme que passa na cabeça dela. Uma pessoa que está forjando uma história é obrigada a inventar o que aconteceu, cena por cena, de modo que o resultado se pareça mais com uma série de imagens ou fotografias coladas para criar a impressão de movimento.

O namorado fica diante de um problema óbvio. Se ele não estava no cinema, não sabe se deve confirmar ou não que houve um acidente, porque talvez não tenha havido. E se ele disser que não havia nenhum engarrafamento mas de fato houvesse, então ela também saberá que ele não estava no cinema. Independentemente da resposta, ele vai fazer a única coisa que todo mentiroso faz quando se vê diante desse dilema: hesitar enquanto pensa como responder. Lembre-se: se ele estivesse no cinema, teria dito instantaneamente: "Não tinha trânsito nenhum. De onde você tirou isso?" Mas ele não tem certeza, porque não estava lá, então vai hesitar em responder e, ao fazê-lo, vai se entregar. Além disso, ele provavelmente vai dar a resposta errada, concordando, porque não sabe que ela inventou aquilo. Vamos revisar:

- Você começa fazendo duas perguntas de confirmação e, em seguida, apresenta seu próprio detalhe. Mais uma vez, seu detalhe deve ser falso. Se a pessoa apenas confirmar algo que é realmente verdade, você não vai obter nenhuma informação nova.
- Seu detalhe deve parecer razoável. Caso contrário, a pessoa que você está questionando pode achar que é uma brincadeira.

- Seu detalhe tem que ser algo que afetaria diretamente a pessoa, de modo que ela teria tido conhecimento dessa informação em primeira mão.

Se a pessoa fizer uma pausa muito grande, mudar de assunto ou der a resposta errada à pergunta, talvez ela não esteja dizendo a verdade. Mais uma vez, insisto que você não se apoie em uma única tática isolada. Pode ser que a pessoa hesite porque está tentando se lembrar com clareza dos eventos da noite.

Apesar desse lembrete, se a resposta soar bem ensaiada, é bem possível que a pessoa estivesse esperando pela pergunta e tenha se dado ao trabalho de ajustar a própria história. Ter na ponta da língua fatos e detalhes que não deveriam ser lembrados facilmente é um bom indício de que houve algum preparativo. Por exemplo, imagine uma pessoa que, quando questionada sobre onde estava em um determinado dia, dois meses antes, responda: "Eu fui para o trabalho, saí de lá às cinco e meia, jantei no Eastside Diner até as 19h45, depois fui direto para casa." Ou suponha que um detetive de polícia interrogue um suspeito. Se a pessoa consegue se lembrar do que fez e onde estava em determinada data dois anos antes, há algo muito errado. É raro nos lembrarmos sequer do que comemos no café da manhã do dia anterior.

Uma coisa é ser lacônico ou contar uma mentira inofensiva; outra, bem diferente, é se aproveitar ativamente de outro indivíduo para benefício próprio. Todos nós conhecemos gente que fala demais e alguns manipuladores sem escrúpulos, mas, além deles, existem os verdadeiros golpistas. A boa notícia é que as estratégias deles são altamente previsíveis e, uma vez que você esteja a par dessa cartilha, pode facilmente prever seus próximos passos e contra-atacar. No capítulo a seguir você vai aprender a virar a mesa, e nunca mais será passado para trás.

9
Os truques na manga

Os golpistas são mestres em desviar a atenção, que por acaso é o elemento central da mágica.[1] E, como todo bom mágico, um golpista não apenas desvia nossa atenção para onde quer, mas muitas vezes inclui em seu truque uma história envolvente. Ele sabe que contar uma história elaborada tem maior poder de persuasão do que mentir descaradamente.

O psicólogo e vencedor do Nobel de Economia Daniel Kahneman explica que as pessoas têm dois modos de pensar: o Sistema 1, que existe naturalmente, é automático e intuitivo e, portanto, rápido e muitas vezes emotivo; e o Sistema 2, mais analítico e lógico e, portanto, mais lento, que exige pensamento consciente e energia mental.[2] Uma história ativa automaticamente o Sistema 1, o que significa que tendemos a aceitá-la sem fazer questionamentos. O desafio do vigarista é nos impedir de mudar para o Sistema 2, no qual podemos processar racionalmente o que está acontecendo. De acordo com a dinâmica da situação, ele vai empregar uma série de táticas psicológicas que tiram proveito não só da nossa boa natureza, mas também da natureza humana em si.

MANIPULAÇÃO NA PRÁTICA

Vamos dar uma olhada no processo de um golpista por meio do golpe do *impostor que rouba dinheiro*, que é a forma mais comum de fraude nos Estados Unidos. Para conquistar confiança de maneira rápida e inquestionável – para emplacar sua história –, o golpista busca deixar a vítima mais vulnerável. Seu método normalmente segue este padrão:

Estabelecer autoridade → Confundir → Reforçar a credibilidade → Contar uma história

1. *Estabelecer autoridade:* a confiabilidade de uma história depende de quem a conta, e é por isso que um golpista muitas vezes afirma ser uma fonte confiável e uma pessoa com autoridade (por exemplo, um agente do governo, um funcionário de uma lotérica). Na infância, aprendemos que a obediência à autoridade é apropriada e necessária. Como adultos, muitas vezes nos sentimos bastante intimidados por aqueles que detêm autoridade e lhes conferimos características infundadas, como inteligência, compaixão e bondade. Acreditamos automaticamente, portanto, que eles querem o nosso bem. Contamos com a experiência deles para defender nossos interesses e não questionamos suas ordens nem suas decisões. No entanto, podemos ter uma tendência a obedecer a figuras de autoridade mesmo quando isso vai de encontro à razão e ao bom senso.

    O renomado psicólogo social Robert Cialdini explica que os símbolos de autoridade – títulos, roupas e ornamentos – influenciam nossas atitudes e provocam uma obediência automática. Ele cita um experimento relacionado, envolvendo um "médico" que prescrevia uma dose extraordinariamente alta e perigosa de um remédio por telefone, que resultou em uma taxa de adesão de 95%. Os enfermeiros ignoraram a política do hospital (que proibia que médicos dessem ordens por telefone) e o próprio julgamento (de que a dose era visivelmente nociva). Os pesquisadores concluíram que o raciocínio dos enfermeiros que seguiam as ordens não estava em operação.[3]

2. *Confundir:* quando estamos distraídos ou sob pressão, tendemos a acreditar até mesmo em afirmações extremamente duvidosas.[4] Ao dizer que você tem problemas com a Justiça, ao proclamá-lo com entusiasmo o ganhador de um prêmio substancial, ou ao oferecer uma oportunidade imperdível, o golpista procura paralisar seu raciocínio por meio da animação ou do medo extremos. Isso ocorre porque emoções fortes praticamente desligam o córtex pré-frontal – o centro lógico do cérebro. A adrenalina se apossa do cérebro e redireciona o controle do córtex pré--frontal ("o cérebro pensante") para a amígdala ("o centro de resposta ao medo e à ansiedade"). Não temos mais como pensar com clareza nem tomar decisões racionais.

3. *Reforçar a credibilidade:* antes que você tenha uma chance de questionar a autenticidade dele, o golpista despeja informações sobre você que ele sabe que são verdadeiras. Depois de ouvir pelo menos dois fatos, nos tornamos mais propensos a aceitar sem questionamentos o que for dito a seguir.[5] Pode ser algo assim:
"Aqui é o agente Smith, da Receita Federal. Quem fala é o Sr. Brown?"
"Isso."

"O senhor mora na River Lane número 123 e viajou recentemente para o exterior. Correto?"

"Correto."

"Sr. Brown, você está com sérios problemas…" ou "Tenho uma ótima notícia para o senhor!"

Se a conversa ocorresse cara a cara, documentos de aspecto oficial estariam, sem dúvida, à mão do golpista. Nunca deixa de me surpreender a facilidade com que nos deixamos influenciar por materiais impressos. Só porque alguém lhe entrega um cartão de visita ou aponta para um gráfico colorido para provar um argumento não significa que tudo ou parte do que está sendo dito seja verdade.

4. *Contar uma história:* agora os golpistas contam uma história, ao mesmo tempo que reforçam sua autoridade e as consequências de não acreditar nela. A lógica sempre segue o mesmo caminho: se você fizer o que estão dizendo, talvez eles consigam fazer com que seus problemas desapareçam (ou com que as riquezas prometidas sejam entregues).

Fique alerta principalmente se eles pressionarem você a tomar uma decisão rápida e o mantiverem concentrado em um conjunto restrito de "fatos". O contexto diz tudo. Não se perca na história. Leve o tempo que for necessário para analisar as informações, o que vai desacelerar seu cérebro e ativar o Sistema 2 de pensamento, que é mais lento.

A FARSA DA CONEXÃO

O golpista experiente pode preparar o terreno para a sua anuência muito antes de começar a contar a história dele. Para isso, ele vai tentar criar um vínculo emocional profundo com você, estabelecendo maior grau de confiança (um dos termos em inglês para "golpista", *con artist*, é abreviação de *confidence artist*, "artista de confiança"). Por conta da natureza humana, temos tendência a confiar e, posteriormente, a ser influenciados por pessoas que são como nós e gostam de nós.

Você é como eu, e você gosta de mim

Não é verdade que os opostos se atraem. Na realidade, preferimos pessoas parecidas com a gente e com gostos semelhantes.[6] Podemos achar uma pessoa interessante devido ao grau de diferença entre ela e nós, mas são as semelhanças que geram a apreciação mútua. Semelhante atrai semelhante.

Similar a essa lei é o princípio dos "companheiros de guerra". Pessoas que passam juntas por situações que mudam suas vidas tendem a criar um laço significativo. Por exemplo, soldados que lutam em batalhas ou calouros que sofrem trote juntos geralmente se tornam grandes amigos. Esse também é um poderoso método de ligação, ainda que a experiência não tenha sido compartilhada, mas vivida de forma semelhante. Em consequência, duas pessoas que nunca se viram, mas que compartilham de uma experiência prévia semelhante – seja uma doença ou o fato de terem ganhado na loteria –, podem se tornar amigas em um instante. É a mentalidade do "Ele me entende" que gera esse sentimento recíproco de afeto. Nas primeiras interações, quando alguém perguntar sobre seus hobbies, onde você nasceu, seus valores, seus pratos preferidos e coisas do tipo, observe se essa pessoa afirma com enorme surpresa: "Eu também. Que coincidência!" Ou veja se ela revela algo parecido sobre si mesma (por exemplo, "Belo relógio. Eu tenho um igual", "Que cachorro lindo.

Me lembra um que eu tinha quando era criança", "Parece que você está tendo um dia como o meu").

Dizer que a bajulação não leva a lugar nenhum não poderia estar mais longe da verdade. Ela leva a muitos lugares a que você jamais teria ido. Um estudo mostrou que a maioria das pessoas tem tanta sede de elogios que dizemos gostar mais de um estranho quando recebemos um elogio, mesmo quando estamos cientes de que o bajulador tem uma motivação clara.[7] Isso significa que você deve ficar ressabiado com todo elogio e presumir que sempre existem segundas intenções por trás deles? Claro que não. Mas esteja ciente de que a bajulação interfere na sua avaliação e no seu julgamento.

Em certa medida, todos somos suscetíveis a cair em golpes, mas quando nossa imunidade natural está comprometida ficamos ainda mais vulneráveis. Em *The Confidence Game* (O jogo da confiança), a autora Maria Konnikova escreve: "Quando se trata de prever quem vai cair [em um golpe], a personalidade de modo geral tende a nos dizer muito pouco. Em vez disso, um dos fatores de destaque é a circunstância: não quem você é, mas onde você está naquele momento específico da vida."[8]

Ela explica que, quando nossa resiliência emocional está desgastada, as defesas cognitivas da nossa razão e do nosso julgamento se desfazem. Quando estamos solitários, passando por dificuldades financeiras ou lidando com uma doença grave, um trauma ou uma grande mudança de vida, corremos maior risco.[9] Em outras palavras, não podemos subestimar a força da atração psicológica. Por exemplo, quando estamos em crise, muitas vezes procuramos alguém para conversar, desabafar. Nossa necessidade emocional número um é nos sentirmos conectados aos outros. A dor – emocional ou física – faz com que nos sintamos sozinhos, e a solidão aumenta ainda mais a dor. Quando estabelecemos uma conexão com outra pessoa, não nos sentimos mais tão sós e a intensidade da nossa dor diminui. Desesperados por alívio, ficamos muito dispostos a deixar a razão de lado. Fechamos os olhos para a verdade, porque nossa vontade de acreditar é imensa.

Mesmo quando a lógica por trás das nossas decisões se torna obscura e os fatos deixam de fazer sentido, o ego nos impele a continuar. Agarrados firmemente a uma esperança infinita, fazemos o trabalho do golpista por ele. Nos rendemos. Ele não precisa exercer mais nenhuma pressão a partir do momento em que o nosso medo do fracasso ("mais um") alimenta nossa disposição a acreditar nele.

Para além do golpe, por que pessoas racionais às vezes tomam decisões irracionais? Por que voluntariamente gastamos dinheiro com coisas que não dão resultado? Como todo corretor de ações costuma dizer, começamos a perder dinheiro no instante em que permitimos que nossas emoções influenciem nossas decisões financeiras. Quando investidores colocam antolhos, ignoram as evidências empíricas e passam a se dedicar a recuperar o máximo possível de suas perdas, dizemos que eles estão "correndo atrás do prejuízo". Nosso apego à teimosia costuma ficar ainda mais forte quando investimos tempo, dinheiro ou energia em alguma coisa – seja uma ação cujo valor despenca, um relacionamento fadado ao fracasso ou um emprego sem nenhum futuro. É fácil sucumbir à falácia do custo irrecuperável: *Não posso desistir agora porque senão vou perder tudo que já investi!* O comprometimento equivocado nada mais é do que uma tática de procrastinação, que é o resultado tóxico da negação – a recusa a aceitar que precisamos mudar.

LAÇOS QUE MENTEM

Voltemos ao golpista. Quer esteja conversando com ele há cinco minutos ou já o conheça há cinco meses, você pensa: *Esse cara me entende de verdade.* Entretanto, quando o vínculo emocional não é tão forte quanto o golpista precisa que seja (para o que ele quer de você), ele vai tecer o fio mais forte de submissão: a confiança. A diferença entre fé e confiança é enorme. Por exemplo, podemos ter fé em que as coisas vão dar certo ou que um amigo vai nos ajudar e ainda assim sermos assombrados por preocupações e momentos de dúvida. Quando temos confiança, no entanto, os pensamentos negativos não ocupam nossa cabeça. Não nos inquietamos nem nos preocupamos com o resultado. A confiança é um processo intelectual, a consequência natural de um histórico imaculado. É por isso que o golpista precisa estabelecer a confiança. Em algum momento ele vai lhe pedir para fazer algo que faz pouco ou nenhum sentido. Se tiver confiança nele, você vai agir imediatamente, sem questionar nem hesitar. Eis como ele constrói essa confiança.

> Por conta da natureza humana, temos tendência a confiar e, posteriormente, a ser influenciados por pessoas que são como nós e gostam de nós.

O ACELERADOR DE CONFIANÇA

Compartilhar aspectos pessoais de sua vida tem duas consequências psicológicas. Primeiro, cria uma confiança sem fundamento. Quando alguém se abre, você pensa: *Se ela confia em mim, então eu posso confiar nela.* Não precisamos presumir que haja alguma intenção perniciosa nisso. A pessoa pode ser emocionalmente frágil e precisar desabafar, apenas em busca de um ombro amigo. Dito isso, revelações, confissões ou segredos compartilhados prematuramente, em combinação com outras táticas, podem ser uma tentativa de forçar uma conexão – dando aos golpistas uma vantagem psicológica, a impressão de que você merece a confiança deles.

Isso ativa a segunda consequência: você se sentirá impelido a retribuir, simplesmente porque é justo. Quando alguém lhe dá alguma coisa, como tempo, uma informação ou um presente, muitas vezes você se sente em dívida. A maioria dos vendedores está ciente de que, se investir tempo suficiente em você – apresentando um produto, mostrando como ele funciona –, você vai se sentir obrigado a comprá-lo, mesmo que não saiba ao certo se o quer. Aqui, do mesmo modo, quando uma pessoa se abre com a gente, podemos nos sentir desconfortáveis se não retribuirmos e nos abrirmos com ela também.

Cialdini explica a abordagem antiética de um vendedor de alta performance que vendia caros sistemas de alarme de incêndio ativados por calor. Sua apresentação, feita na própria casa dos interessados, começava com um pequeno teste sobre fogo. Enquanto os proprietários estavam ocupados anotando as respostas, ele invariavelmente dizia que havia "esquecido algumas informações muito importantes" no carro e que precisava buscá-las. "Não quero interromper o teste", acrescentava ele, "então vocês se importam se eu for lá fora e voltar rapidinho?" Cialdini observa que "a resposta era sempre alguma coisa como 'Claro, fique à vontade'. Muitas vezes, era preciso dar a chave da porta a ele".[10] Permitir que alguém entre em sua casa sem que haja um morador presente, é um sinal tácito de confiança: eu confio nele porque o deixei entrar sozinho na minha casa. *Ele deve ser confiável, porque a única outra opção é que eu sou um completo idiota*. Esse ato inconscientemente incorpora a crença de que o vendedor é digno de confiança; e damos ouvidos às pessoas em quem confiamos.

> Compartilhar aspectos pessoais de sua vida tem duas consequências psicológicas. Primeiro, cria uma confiança sem fundamento. Depois você se sentirá impelido a retribuir, simplesmente porque é justo.

Nas Partes Um e Dois aprendemos a ler pessoas em situações específicas. Saber o tipo de pessoa com quem estamos lidando nos ajuda a prever seus comportamentos e influenciá-los quando necessário. Na Parte Três você vai descobrir como avaliar a natureza de alguém e como detectar os sinais de alerta de uma personalidade dominante e controladora. Também vai aprender a identificar o potencial e a trajetória de uma patologia – em outras palavras, como a doença emocional vai se manifestar se a psique do outro estiver começando a apresentar falhas. A probabilidade é de que esse indivíduo se torne presa ou predador?

PARTE TRÊS

Tirando um instantâneo psicológico

Mergulhe na persona pública de qualquer um para ter acesso ao seu sistema operacional interno e você saberá o que faz essa pessoa funcionar – o que a impulsiona e o que a detém. Descubra os valores mais arraigados e as crenças fundamentais que moldam os desejos, medos e inseguranças dos outros. Conheça as pessoas melhor do que elas conhecem a si mesmas e, ao longo desse processo, adquira maior autoconsciência.

10
Uma espiada na personalidade e na saúde mental

Embora *tipo de personalidade* não seja um termo clínico nem científico, entendemos que esse conceito se refere a *como uma pessoa costuma se comportar* ou ao *temperamento* dela. Ela é geralmente relaxada ou tensa? Gosta de estar no controle ou deixa que outros assumam a liderança? Tende a ver o copo meio vazio ou meio cheio? O linguista e psiquiatra clínico Walter Weintraub explica que o que chamamos de "personalidade" é a soma das formas observáveis de lidar com pressões internas e externas.[1]

Esses traços ganham relevância e se tornam mais explícitos quando alguém está passando por algum grau de estresse. Nesse momento, seus mecanismos de defesa entram em cena e seus padrões de linguagem se tornam imediatamente perceptíveis.

Em linhas gerais, uma personalidade mais dominante tende a afastar o medo e a ansiedade, enquanto uma pessoa submissa muitas vezes os internaliza, os absorve.

Por exemplo, uma pessoa pode optar por expressar sua exasperação diante de uma situação de diferentes modos, como:

Declaração A: "Eu não consigo abrir a janela."
Declaração B: "A janela está emperrada."
Declaração C: "A janela está quebrada."

Cada uma delas afirma a mesma realidade a partir de uma perspectiva diferente, com frases que revelam como o falante enxerga a si e seu universo. A primeira afirmação, "Eu não consigo abrir a janela", é a clássica autocentrada, e provavelmente dita pela personalidade mais submissa. A segunda afirmação, "A janela está emperrada", se volta para fora e representa uma personalidade dominante. Nenhuma dessas respostas indica mais ou menos saúde emocional (de modo geral) nem sentimentos de ansiedade (em relação à situação). Elas revelam apenas se a pessoa tem propensão a assumir ou a transferir responsabilidades. Mais uma vez, devemos nos lembrar de observar um padrão de sintaxe, e não somente declarações pontuais, antes de determinar a personalidade de alguém.

A terceira afirmação, no entanto, é mais instrutiva do que as duas anteriores. Nela o indivíduo conclui que sua incapacidade de abrir a janela não se deve à sua incompetência, nem ao fato de a janela estar temporariamente "emperrada", mas que (a) a janela é culpada e (b) seu estado é permanente e absoluto. Mais adiante vamos discutir por que rotular a janela nesses termos – quebrada em vez de emperrada – lança um ponto de interrogação sobre o bem-estar emocional da pessoa e por que essa afirmação, quando temperada com adjetivos e advérbios (por exemplo, "A maldita janela está completamente quebrada"), talvez deva soar o alarme patológico caso esse padrão seja recorrente e persistente.

Uma personalidade mais dominante tende a afastar o medo e a ansiedade para longe, enquanto uma pessoa submissa muitas vezes os internaliza, os absorve.

Da mesma forma, a terceira resposta se torna mais preocupante caso a frustração se transforme em plena resignação. Em outras palavras, a implicação mais ampla de a janela estar "quebrada" de maneira irreparável é que a pessoa se percebe permanentemente incapaz, e soaria mais ou menos como "Eu simplesmente não consigo abrir a janela" ou "Eu nunca consigo abrir uma janela".

A TRAJETÓRIA DA DOENÇA MENTAL

Embora nem a declaração A nem a declaração B possam ser consideradas reflexo de uma saúde mental mais robusta ou menos robusta, elas *indicam* o caminho potencial do *mal-estar* mental – um distúrbio –, caso ele se desenvolva.

Distúrbios psicológicos são normalmente classificados em *egodistônicos* e *egossintônicos*. Comportamentos, pensamentos ou sentimentos que perturbam uma pessoa e a deixam desconfortável são egodistônicos. A pessoa não gosta deles e não os deseja, e essa combinação faz com que ela seja mais propensa a buscar tratamento. Problemas egodistônicos são frequentemente transtornos de humor (também chamados de *transtornos afetivos*), uma classificação que inclui depressão, transtorno bipolar e transtorno de ansiedade. Todos esses distúrbios apresentam subtipos com uma variedade de sinais e sintomas, dependendo da pessoa e da gravidade do caso. Os afetados têm propensão a pensamentos negativos, ruminação e autocentramento (e, em alguns tipos de personalidade, hostilidade e impulsividade). Costumam ser hipersensíveis a fatores de estresse do dia a dia, ficam facilmente frustrados e sobrecarregados, e são emocionalmente reativos, o que faz com que seja difícil pensar com clareza e lidar com o estresse. Transtornos de humor ou afetivos tendem a se desenvolver a partir da personalidade submissa.

Os *transtornos de personalidade*, por outro lado, são egossintônicos e compatíveis com a autoimagem e a visão de mundo da pessoa. Entre eles estão o transtorno da personalidade borderline (ou limítrofe), o transtorno da personalidade antissocial e o transtorno da personalidade narcisista. Do ponto de vista dessa pessoa, seus pensamentos, seu comportamento e seus sentimentos são partes de sua identidade.[2] Mesmo que todo mundo acredite que ela sofre de um distúrbio, a pessoa se recusa a olhar para dentro e presume que são os outros que têm problema, não ela. Como podemos adivinhar de acordo com o que já foi falado, pessoas com transtornos de personalidade tendem a ter personalidades dominantes.

Apenas para recapitular, o fluxograma a seguir mostra a deterioração da saúde mental com os traços estatisticamente prováveis (mas longe de serem definitivos):

submisso complacente, codependente, etc.) → transtorno afetivo (por exemplo, ansiedade, depressão)
dominante (hostil, agressivo, desconfiado, cruel, manipulador, etc.) → transtorno de personalidade (por exemplo, narcisismo, tendências antissociais)

A MATRIZ DE HUMOR E STATUS

Quando apresentei o cadete propenso a acidentes no Capítulo 4, foi para mostrar que, sempre que as pessoas interagem de forma inconsistente com seu status, obtemos uma pista que vai além do relacionamento com o outro; temos uma imagem de sua personalidade e de sua condição psicológica. Incorporar o humor de uma pessoa na equação deixa nossa conclusão ainda mais aguçada.

O humor é a sombra da autoestima, que nos eleva ou nos põe para baixo provisoriamente, afetando a maneira como vemos nosso mundo e a nós mesmos.[3] Uma pessoa que age e interage de uma forma que os médicos chamariam de "congruente com o humor" revela pouca coisa. Quando você está de bom humor – cheio de sentimentos (por mais fugazes que sejam) de confiança e controle –, geralmente trata as pessoas ao seu redor com mais gentileza e respeito. Naquele instante, você se sente "completo". Pode direcionar sua atenção para o mundo exterior.

À medida que nosso humor piora, ficamos mais propensos a ser emocionalmente mesquinhos e menos complacentes com os outros. Podemos demonstrar gentileza ou tratar com respeito as pessoas de quem necessitamos em vez daquelas que estão com necessidades. Nesse estado, nosso grau de frustração aumenta naturalmente e nossa tolerância diminui. A facilidade com que nos distanciamos da nossa dor, emocional ou física, e dirigimos nossa atenção para o bem-estar do outro é um indicador confiável de saúde emocional – ainda mais quando o fazemos com paciência e compaixão.

O que acontece quando você traz o status de volta à equação? Uma pessoa de status elevado que se encontra em estado negativo mas consegue deixar suas preocupações de lado em favor das necessidades do outro – mesmo quando não precisa fazer isso – é exemplo do ápice da saúde emocional. Essa grandeza pode variar desde falar educadamente e sorrir (pequenos gestos) até uma expressão direta de empatia. Se essa pessoa de status mais elevado (que está de mau humor) age de modo contundente ou grosseiro, isso não é muito instrutivo nem revelador. Por quê? Porque isso é o que se chama de "humor e status congruentes". Embora não demonstre uma saúde emocional exemplar, está dentro do espectro "normal".

Da mesma forma, devemos esperar que uma pessoa de status

elevado em um estado positivo apresente um comportamento educado e cordial; mais uma vez, isso não é revelador. No entanto, uma postura grosseira e um comportamento rude indicam uma personalidade hostil, e falar com rispidez ou agir de maneira agressiva são exemplos de instabilidade emocional. Na verdade, a receita para o mal-estar supremo é mau humor + baixa autoestima + status elevado. O que se vê é uma irritação extrema e, dependendo da personalidade, uma raiva passiva ou ativa. Isso é particularmente válido se o status for apenas temporário (por exemplo, um cliente) e a pessoa não tiver outra válvula de escape para suas frustrações. Uma oportunidade fugaz de ocupar uma posição de poder é boa demais para ser desperdiçada.

Quanto maior nossa autoestima, mais somos levados a agir com responsabilidade, independentemente do nosso humor. Mas, à medida que a autoestima diminui, o ego se impõe e nosso humor passa a ter mais influência sobre nossas atitudes. Pense em crianças pequenas que têm mudanças de humor radicais – birras repentinas que descambam em ataques irracionais. Adultos que agem e reagem com base em seus estados, em como se sentem no momento, tendem a ter uma autoestima mais baixa. A medida pela qual o humor supera o status inferior e se torna incapaz de ser controlado – e a magnitude da transgressão – é um espelho da saúde emocional de uma pessoa. Dar um soco em um comandante ou xingar seu chefe é mais grave do que não dizer "Por favor" ou "Obrigado" ao se dirigir a eles.

Um status inferior associado a um estado positivo costuma dar origem a um comportamento educado e cordial – mais uma vez, porque é congruente com o humor e o status. Uma postura grosseira nessas condições indica uma personalidade dominante e excessivamente agressiva. O desvio tanto em relação ao humor quanto ao status faz crer que se trata mesmo de um traço e consolida nosso instantâneo de personalidade e patologia.

É claro que a forma como uma pessoa se expressa pode só ser um reflexo de seu humor ou sua exasperação diante da situação. A perturbação emocional, de modo semelhante à dor física aguda, naturalmente direciona nosso foco para dentro. Nossa linguagem então pode ser contundente e aparentemente deselegante. A lógica, como sempre, é clara: uma pessoa se afogando gritará "Socorro!" ou "Me ajudem!", e não "Peço desculpas pelo incômodo, pessoas gentis, mas, se não se importam, eu agradeceria se vocês pudessem me jogar uma corda". As interações e as correspondências dessa pessoa podem dar a impressão de poder ou status quando, na realidade, ela está completamente desamparada e vulnerável.

Mais uma vez, é por isso que é importante procurar padrões de comportamento e não apenas incidentes isolados. Lembre-se: frequência, duração, intensidade e contexto indicam se você está observando um estado ou uma característica.

Status elevado, humor negativo	Status elevado, humor positivo
Postura indelicada e contundente não é reveladora. Postura gentil e empática indica ótima saúde emocional.	Postura educada e gentil não é reveladora. Postura antipática ou rude indica uma personalidade hostil e instabilidade emocional.

Status baixo, humor negativo	Status baixo, humor positivo
Postura educada e equilibrada indica saúde emocional. Postura indelicada ou ríspida indica uma ligeira perturbação na saúde emocional, com postura rude ou agressiva sinalizando maior instabilidade emocional.	Postura educada e gentil não é reveladora. Postura antipática ou rude sinaliza uma personalidade hostil e perturbação emocional.

DECODIFICANDO A VERDADEIRA NATUREZA DE UM INDIVÍDUO

Os indícios linguísticos da personalidade também estão presentes em um nível micro, por meio de pistas sutis de linguagem e encontros passageiros. Dinâmicas entre pessoas de status superior e inferior são relevantes sempre que haja uma hierarquia fixa de poder (por exemplo, gestor/subordinado, capitão/soldado, professor/aluno). Fora dessas situações, o contexto é importante porque o status pode ser fluido. Em outras palavras, o status é conferido a quem é o "chefe" em uma situação específica. Um vendedor com um produto da moda e muitos compradores interessados detém uma vantagem e, portanto, tem o status mais elevado nessa situação, ainda que em outros contextos não tenha poder. Por outro lado, um vendedor que recebe comissões em uma loja de roupas "precisa" do comprador e, portanto, tem um status mais baixo. O que é importante ao incluirmos o contexto na equação é que é precisamente quando o status é temporário ou foi totalmente neutralizado que a natureza de alguém – seja dominante ou submissa – desponta sem obstáculos. Compreender o contexto permite que você trace mais rapidamente um perfil psicológico e ajuda a prever a trajetória do sofrimento psicológico, caso ele venha a se desenvolver na pessoa que você está analisando.

Conectores versus confrontadores

Uma vez tive uma conversa memorável com meu barbeiro, que me disse que às vezes os clientes saem distraidamente sem pagar. Gritar "Você não pagou" ou "Você se esqueceu de pagar" era muito constrangedor, então ele os deixava ir embora. Eu o estimulei a reformular a frase para "Você quer pagar da próxima vez?". Ele tem feito isso desde então, com total facilidade. Vejamos o porquê. "O que você disse?", pergunta uma pessoa. "O que foi que você estava dizendo?", pergunta outra. Ambas buscam a mesma informação, mas a pergunta da primeira pessoa tem um tom mais exigente e autoritário. A mãe que diz ao filho "Vamos começar a nos preparar para dormir em cinco minutos" soa mais gentil do que aquela que diz "Prepare-se para dormir em cinco minutos". O professor que pergunta "Qual você achou que fosse a resposta certa?" soa menos ameaçador do que aquele que pergunta "Qual é a resposta?". A mudança de tempo verbal sinaliza o desejo do falante de se conectar em vez de confrontar e toca no cerne da natureza e do status do relacionamento de um indivíduo. Os qualificadores também fazem esse trabalho muito bem (por exemplo, "A gente devia começar a se preparar para dormir", "Acho que você talvez tenha se esquecido de pagar a conta").

A regra geral é que uma pessoa mais gentil usa uma linguagem que cria conexões e evita confrontos. Sua contraparte menos gentil usa uma linguagem mais controladora e sem medo de conflito.[4] Nos extremos menos saudáveis, a primeira evita o confronto a todo custo, o que pode incluir a repressão de seus verdadeiros sentimentos e desejos, enquanto a segunda procura e até mesmo cultiva oportunidades de conflito e desentendimento.

Por exemplo, você entra em uma loja de conveniência e pergunta ao caixa onde ficam os jornais. Existe uma gama de respostas possíveis, como:

Resposta A: "Ali." (Incompleto e direto)
Resposta B: "Eles ficam ali." (Completo e direto)
Resposta C: "Devem estar bem ali." (Qualificador)

Resposta D: "Você poderá encontrá-los bem ali." (Tempo futuro)
Resposta E: "Acho que você poderá encontrá-los bem ali." (Duplo qualificador e tempo futuro)

Todas as respostas respondem à pergunta, mas o subtexto de cada uma revela algo sobre quem fala. As respostas A e B apresentam o padrão de linguagem típico de uma personalidade mais dominante; e as respostas C, D e E, de uma personalidade mais simpática (e potencialmente submissa).

Agora filtremos os dois fatores principais: status e humor. O maître de um restaurante sofisticado pode ser mais solene do que o caixa de uma loja de conveniência, devido à mudança de status, e, portanto, as respostas D e E não nos dão uma pista de sua personalidade – porque elas são consistentes com a dinâmica de status. Por outro lado, as respostas A e B nos dão um vislumbre de sua personalidade, porque se desviam da dinâmica esperada. Vejamos outro exemplo.

Fechando uma compra na loja, o vendedor lhe diz:

Declaração A: "Você deve 178 dólares."
Declaração B: "Deu 178 dólares."

Depois de pagar, o vendedor lhe entrega a nota fiscal e diz:

Declaração A: "Toma" ou "Aqui", ou nem fala nada.
Declaração B: "Sua nota" ou "Aqui está".

Mais uma vez, em uma loja sofisticada, esperaríamos as declarações B em vez das declarações A. Entretanto, quando o status é neutralizado, vemos mais prontamente a personalidade do indivíduo se manifestar. O caixa da loja de conveniência que usa a linguagem da declaração B provavelmente tem uma natureza mais simpática, enquanto a linguagem da declaração A não oferece nenhum insight dentro do mesmo contexto. No entanto, o vendedor de uma loja sofisticada que usa a linguagem da declaração A está tendo um dia ruim, o que significa que fala de acordo com seu estado ou que tem uma personalidade mais dominante. Se não sabemos qual é seu humor, então temos que observar sua postura para ver se surge algum padrão que faça nossa avaliação passar do estado (temporário) para o traço (permanente).

Em resposta a uma pergunta sobre o horário de funcionamento de um escritório, qual resposta indica uma recepcionista mais descontraída e agradável?

Resposta A: "Fechamos aos domingos."
Resposta B: "Acredito que estaremos fechados neste domingo."

Presumindo que a recepcionista esteja plenamente ciente de que o escritório estará fechado, o "Acredito" amortece o impacto de sua resposta. No Capítulo 5 expliquei que o uso de um qualificador indica ansiedade ou insegurança apenas ao expressar informações subjetivas, não objetivas. Vamos modificar a segunda resposta para apresentar um contraste ainda mais nítido:

Resposta A: "Fechamos aos domingos."
Resposta B: "Sinto muito, acredito que estaremos fechados neste domingo."

Quando uma pessoa de status igual ou superior usa uma linguagem mais delicada, é porque está em sintonia com as necessidades do outro, o que indica empatia e, consequentemente, saúde emocional. Ela não precisa reafirmar sua autoridade para compensar suas inseguranças.

Por exemplo, um gerente demite um funcionário com uma das seguintes declarações:

Declaração A: "Você está demitido."
Declaração B: "Eu sinto muito, mas vamos ter que dispensar você."

É visível que a declaração A não faz nenhuma tentativa de suavizar a demissão. Na segunda, o gerente usa o verbo no *plural* em vez do *singular* para diluir a responsabilidade; começar com *eu* em vez de *você* aponta para uma orientação interna. Pedir desculpas e usar o verbo no futuro amortece ainda mais o impacto.

Outro exemplo: se você está tentando entrar em uma área restrita sem a devida autorização, qual segurança tem a natureza mais amistosa (e possivelmente é mais fácil de influenciar se ele procurar evitar conflitos)?

Segurança A: "Parado, você não pode entrar aí. O que está fazendo?"
Segurança B: "Sinto muito, não posso deixar você entrar."

O segurança A emite uma ordem, não usa a primeira pessoa e por fim faz uma pergunta retórica, sinalizando raiva. O segurança B usa a primeira pessoa, uma linguagem negativa (sinalizando uma possível ansiedade) e faz um pedido de desculpas.[5] A diferença entre as duas psiques é impressionante quando você sabe em que prestar atenção.

A NATUREZA DAS PALAVRAS

Algumas pistas linguísticas são intuitivas. Pessoas simpáticas usam mais palavras que denotam emoções positivas (por exemplo, *feliz, inspirador, maravilhosa*) e menos palavras negativas (por exemplo, *ódio, destruição, aborrecimento, raiva*).[6] Elas escrevem e falam mais sobre casa, família e comunicação, e evitam temas e linguajar obscuros ou delicados (por exemplo, palavras como *caixão, tortura, morte*).[7]

Em forte contraste, suas contrapartes menos agradáveis usam uma linguagem negativa e palavras relacionadas à raiva (por exemplo, "Eu odeio...", "Estou farto e cansado de...", "Não suporto...").[8] Pesquisas mostram que pessoas mais simpáticas usam menos palavrões. Nas atualizações de status do Facebook, por exemplo, as cinco palavras que identificam com mais precisão indivíduos com baixa amabilidade são todas palavrões.[9] E a palavra *obrigado(a)* nas atualizações de status do Facebook está mais relacionada ao traço de amabilidade.[10] Uma perspectiva saudável permite que nos concentremos no positivo e nos ajuda a estimular uma postura de gratidão.[11] Essa percepção psicológica foi perfeitamente sintetizada pelas palavras do poeta C. S. Lewis: "O elogio é como a saúde interior tornada audível."[12]

Vamos decupar os fatores psicológicos. Se não houver perspectiva, tudo de bom que existe em nossa vida perde o foco. Uma pessoa egocêntrica – ou seja, que não tem perspectiva – está interessada apenas no que lhe falta, no que lhe devem, em onde a vida deu errado. E, onde não há gratidão, não há alegria.[13] Se pensarmos nas pessoas que conhecemos que têm um sentimento de gratidão, elas são também as mais alegres. Por outro lado, as que não apreciam o que têm vivem em um ciclo de expectativas não realizadas, frustração e raiva. Estão cheias de fúria e ressentimento, não por causa de alguma coisa importante, mas porque todo o seu foco está em questões banais que as consomem com a negatividade.

perspectiva ampla (ou seja, maior autoestima, menor ego) → maior contexto → mais significado → a humildade desperta → a gratidão surge → a alegria flui → estabilidade emocional

perspectiva estreita (ou seja, baixa autoestima, maior ego) → contexto reduzido → menos significado → aumento da arrogância → alimenta raiva, ressentimento e frustração → instabilidade emocional

Mentalidade e metáforas

Uma metáfora cria uma ponte entre o inédito e o familiar. É como um tapa na cara, metaforicamente falando, é claro, porque transmite informações de forma compacta e precisa. As imagens e representações que usamos ilustram a nossa mentalidade.

Um gerente de vendas, por exemplo, pode ser mais propenso a descrever o local de trabalho ideal com uma metáfora bélica (por exemplo, "Somos como um esquadrão de elite"). Com base em outras evidências, podemos deduzir que, para ele, tudo é uma espécie de competição em que só pode haver um vencedor. Ou você é um martelo ou um prego, um vencedor ou um perdedor, e a vida é um jogo de soma zero. O ganho de uma pessoa é equivalente à perda de outra.

Mesmo em um ambiente cooperativo, a personalidade mais dominante tende a adotar uma linguagem que confirme sua visão, com declarações como "Acabamos com eles", "Ninguém conseguiu nos parar", "Eles não sabem nem de onde veio o golpe" e, ainda mais centrado no eu e doentio, "Eu estava pegando fogo. Não ia sair de lá derrotado. Os perdedores são eles, não eu". Isso é bem diferente de "Nós nos unimos, trabalhamos duro e demos tudo de nós" ou "A outra equipe realmente despertou o que há de melhor na gente". Para o observador atento, essas pequenas pistas que escapam da boca das pessoas são como um vulcão.

Pergunte a uma professora do primeiro ano como ela enxerga seu papel e você vai esperar ouvir uma resposta gentil e acolhedora (por exemplo, "Garantir que cada plantinha receba a quantidade certa de luz e água para poder florescer" ou, talvez menos metafórica, "Inspirar o amor por meio da aprendizagem"). Eu me lembro de um professor reclamando para mim, dizendo que o diretor não lhe dava liberdade para disciplinar a classe como bem entendesse. "Eu poderia extrair muito mais deles", dizia. "Eles só precisam de um empurrão para se destacar." Importante: ele estava falando de crianças de 5 e 6 anos! Não era o objetivo que era preocupante, mas seu vocabulário. Reformulados, os mesmos sentimentos ficam mais razoáveis: "Quero ajudá-los a desenvolver o potencial deles ao máximo", "Existe tanta coisa boa dentro deles" ou "Só quero que eles brilhem". Usar palavras como *extrair* e *empurrão* reflete não apenas uma mentalidade, mas talvez também uma visão distorcida do que é o magistério.

No próximo capítulo você vai aprender a se aprofundar mais em sua avaliação e chegar à história fundamental do "eu" de uma pessoa. Ao fazer isso, vai começar a avaliar suas inseguranças e zonas de resistência. O objetivo não é tirar vantagem de ninguém, mas entender melhor o outro – para que você possa ajudá-lo e também se proteger. Depois de estar ciente dos gatilhos de uma pessoa, você poderá prever quando ela vai atacar, sentir a necessidade de se afirmar ou tentar assumir o controle. Igualmente útil é aprender mais sobre nós mesmos e nossos próprios gatilhos. Com maior autoconsciência, você será capaz de melhorar sua qualidade de vida e seus relacionamentos.

11
Identidade narrativa: como ler corações e mentes

Imagine que você está acompanhando uma viagem escolar para um aquário natural com 25 crianças. Depois que elas descem do ônibus, você prontamente faz uma contagem: Vinte e quatro crianças. Eita! Você conta de novo. Vinte e cinco. Ufa. Você então segue com as crianças para explorar as maravilhas do mar. Qual o problema aqui? Por que você presumiu que 24 estava errado, mas 25 estava certo? Porque você tem 25 alunos, apenas isso. Logo, quando contou o número que confirmava isso, você ficou satisfeito. Mas não há nenhum motivo para achar que é menos provável ter contado uma criança duas vezes (chegando ao número certo) do que se esquecido de contar uma criança na primeira vez.

As pessoas tendem a encontrar o que estão procurando e a ver o que esperam ver. Na busca incessante de evidências que confirmem que estamos certos, fechamos os olhos para qualquer outra evidência que não esteja de acordo com as nossas expectativas. Esse fenômeno é conhecido como *viés de confirmação*. Nós nos concentramos no que confirma nossas impressões e inconscientemente deixamos de lado as inconsistências.

Quando o viés de confirmação está em ação, as evidências se organizam – quase que misticamente – em padrões pré-rotulados.

Isso faz parte do processo neurobiológico que o cérebro emprega para dar sentido ao mundo. Ele basicamente cria arquivos, assim como os computadores. Em nosso cérebro, essa classificação possibilita que usemos atalhos mentais, o que chamamos de *heurística*. Esses atalhos nos permitem processar o mundo sem ter que tomar decisões independentes toda vez que fazemos uma escolha. Imagine se tivéssemos que resolver cada problema do zero, desde como usar a cafeteira até como chegar ao trabalho. Nunca faríamos nada. Os atalhos mentais são fundamentais.

CONCLUSÕES PRECIPITADAS

A heurística é útil para nos ajudar a resolver problemas com eficiência, mas pode provocar vieses que nos levam a cair no modo "culpado até que se prove o contrário". Por exemplo, se um detetive que investiga o assassinato de uma mulher sabe que muitas mulheres assassinadas são mortas pelo cônjuge, é mais provável que ele presuma que o cônjuge é o culpado e comece a filtrar mentalmente as evidências para que elas se adéquem à sua teoria. Isso não quer dizer que as estatísticas não sejam uma ferramenta útil; o desafio está em lhes dar um peso proporcional, e não exclusivo. Se um médico trata pessoas com depressão com muita frequência, ele pode interpretar a queixa de um paciente sobre sintomas como fadiga, falta de energia, ganho de peso e diminuição da libido e chegar a uma conclusão (*Aha! Depressão!*). Mas o problema também pode ser hipotireoidismo ou 50 outras doenças com sintomas semelhantes. Como prega o ditado: "Para quem só sabe usar martelo, todo problema é um prego."

Também tendemos a recorrer à heurística da representatividade – por meio da qual dividimos as pessoas em categorias com base nas semelhanças delas com um membro típico do grupo. Depois de tachada, presume-se que a pessoa compartilhe de todas as características de outros membros da categoria e vice-versa. Quando temos uma ideia preconcebida a respeito de um grupo específico, corremos o risco de tirar conclusões precipitadas a respeito de um membro específico desse grupo, inclusive ignorando teimosamente as evidências que refutam nossas conclusões. Nas palavras de William James: "Muitas pessoas acham que estão pensando quando estão apenas reorganizando seus preconceitos."

Vieses criam expectativas; da mesma forma como nosso cérebro cria pastas para agrupar informações, desenvolvemos esquemas ou mapas que nos ajudam a antecipar o que vamos encontrar quando nos depararmos com um conceito, uma categoria, uma pessoa ou uma situação em particular. Os esquemas nos ajudam a preencher as lacunas com maior rapidez. Infelizmente, eles podem nos instigar a preencher algumas dessas lacunas com as respostas erradas. Se analisarmos informações novas já com uma noção preconcebida de que elas devem se enquadrar em nosso esquema, podemos acabar levando em conta apenas as informações que atendem às nossas expectativas e descartar as que não atendem.

Tomar consciência dos nossos vieses nos ajuda a neutralizar seu impacto e aumenta nossa capacidade de avaliar uma pessoa ou uma situação de forma objetiva. Se estabelecermos uma conversa, uma negociação ou um relacionamento acreditando que já sabemos de tudo, nosso ego habilmente vai confirmar tudo aquilo que acreditamos ser verdade. São raras as pessoas dispostas a olhar para o que não querem ver, ouvir o que não querem ouvir e acreditar naquilo que prefeririam que não existisse.

Mas essa é apenas metade da história. É uma elegante ironia que, uma vez dissipado o impacto que a heurística provoca em nossos julgamentos, sejamos capazes de elaborar um perfil de modo mais eficiente, em grande parte *graças* à heurística.

Tomar consciência dos nossos vieses nos ajuda a neutralizar seu impacto e aumenta nossa capacidade de avaliar uma pessoa ou uma situação de forma objetiva.

A versão do diretor

Sabemos que as pessoas têm tendência a encontrar o que estão procurando e ver o que esperam ver. Mas tudo fica mais claro quando perguntamos: "Antes de qualquer coisa, por que uma pessoa tem que ver o que está procurando?" As pessoas enxergam a si mesmas, aos outros e ao seu universo da forma que precisam para conciliar o que estão vendo com suas narrativas pessoais – para dar sentido a si próprias, a suas escolhas e à sua vida.[1] Isso nos leva ao que o psicólogo Daniel Kahneman chama de *coerência associativa* – a noção de que "tudo reforça tudo". Ele escreve:

> Nosso desconforto crônico diante da ambiguidade nos leva a fazer interpretações previsíveis, confortáveis e familiares, mesmo que elas sejam representações meramente parciais ou totalmente desconectadas da realidade. O que fazemos é impor interpretações coerentes. Vemos o mundo como muito mais coerente do que ele de fato é.[2]

Quanto maior o nosso ego, mais vulneráveis ficamos e maior a ânsia por prever e controlar o nosso mundo. A coerência, não os fatos, alimenta a crença de que o mundo é previsível e familiar.

Nós então procuramos, vemos e interpretamos o mundo de modo que ele se adéque à nossa narrativa, em vez de ajustarmos nossa visão para que ela se adéque à realidade. Em suma, colorimos o mundo para não sermos afetados por ele. *Sanidade é sinônimo de perspectiva.* Quanto mais clara nossa perspectiva, mais espaço damos para a realidade e mais objetivos e racionais são nossos pensamentos, nossas ações e nossas posturas. Quando nos recusamos a admitir honestamente a existência de qualquer aspecto de nós mesmos ou de nossa vida, o ego entra em cena para nos "proteger" e transfere a culpa para outro lugar. Em outras palavras, pensamos: *Se não tem nada de errado comigo, então deve haver algo de errado com você.* Para continuarmos a ser imaculados em nossa própria cabeça, somos forçados a distorcer o mundo à nossa volta e, se nossa compreensão da realidade for falha, nosso ajuste à vida será impactado. A instabilidade emocional é essencialmente uma falta de clareza em relação ao grau em que o ego colore nossa capacidade de ver a nós mesmos e ao mundo. Quando uma pessoa perde a sanidade – a capacidade de ver, aceitar e reagir ao seu mundo –, significa que ela perdeu toda a perspectiva.

ESPELHO, ESPELHO MEU

Ralph Waldo Emerson escreveu: "As pessoas parecem não perceber que a opinião delas sobre o mundo também é uma confissão de caráter." Essa não é apenas uma frase inteligente, mas uma interpretação visceral da natureza humana. As pessoas veem o mundo como um reflexo de si mesmas.[3] Se o enxergam como corrompido, sentem em algum nível – inconsciente, é provável – que são corruptas. Se enxergam as pessoas como trabalhadoras e honestas, provavelmente é porque é assim que se veem. Por essa razão, o golpista é o primeiro a acusar o outro de desonesto.

O velho ditado "Quando Pedro me fala sobre Paulo, sei mais de Pedro que de Paulo", no fundo, tem um forte embasamento psicológico. Pesquisas constataram que, quando pedimos a alguém para avaliar a personalidade de outra pessoa – um colega, um conhecido ou um amigo –, a resposta nos dá uma visão imediata de seus traços de personalidade e de sua saúde emocional. Os resultados mostram, inclusive, que "um enorme conjunto de traços de personalidade negativos está associado a ver os outros de forma negativa".[4] Mais especificamente, o nível de negatividade que o avaliador usa para descrever o outro e "a simples tendência de ver as pessoas de forma negativa indicam maior risco de depressão e de transtornos de personalidade", incluindo narcisismo e comportamento antissocial.[5] Da mesma forma, ver os outros positivamente está relacionado à felicidade, à gentileza e à estabilidade emocional. A perspectiva adequada (sem ego) permite que nos concentremos no que há de bom no nosso universo e nos outros. Nosso foco se vira para nossa experiência, nossa realidade. Temos voz sobre o que vai ser colocado em perspectiva.

Seu ego narra seu mundo, usando a heurística para regular o que entra e o que fica de fora da consciência. Quanto menos emocionalmente saudável uma pessoa é, mais ela corrompe o mundo ao seu redor para compensar os próprios defeitos e acomodar as próprias inseguranças. Assim, o modo como uma pessoa trata você é reflexo da saúde emocional dela; diz tudo sobre ela e nada sobre você. Damos amor. Damos respeito. Se alguém não ama a si mesmo, o que você espera receber? A pessoa emocionalmente saudável é autêntica, fiel a si mesma e não julga os outros – ela os aceita. O verdadeiro "eu" se destaca e sua percepção da realidade é mais nítida. À medida que a autoestima se desgasta e o ego entra em cena, a perspectiva vai se tornando mais distorcida.

Onde há fumaça há fogo

Uma pesquisa publicada na *Journal of Pediatrics* examinou as características de vários alarmes de fumaça para determinar quais funcionavam melhor para acordar as crianças. Descobriu-se que uma criança dormindo tinha cerca de três vezes mais chances de ser acordada por um alarme que usasse a voz de sua mãe gravada do que por um alarme típico.[6] Isso se dá graças a um mecanismo de filtragem localizado na base do cérebro, o *sistema de ativação reticular* (SAR). O SAR evita que sejamos sobrecarregados por estímulos desnecessários ou, no caso da voz da mãe em situações de emergência, garante que respondamos ao que é importante. Nossos objetivos (e, em alguns casos, nossos medos) ditam o que consideramos importante e se vamos inconscientemente descartá-lo ou conscientemente aceitá-lo.[7]

narrativa baseada no ego → orienta o SAR → filtrada pela heurística = perspectiva (o que vemos e o que pensamos sobre o que vemos)

Digamos que, durante uma conversa em uma festa, você tome conhecimento de outra conversa e, ao desviar sua atenção, coloque a pessoa à sua frente no "mudo" e capte o que está sendo dito em outro lugar. Isso também é o SAR em ação. Ele é poderoso, da mesma forma que aquilo que ele revela. Um indivíduo orienta seu SAR para o que é significativo – e o significado é definido por aquilo que ele precisa ver. Aquilo em que uma pessoa se concentra mostra quem ela é e qual sua perspectiva de vida.

MESA DE PÔQUER

Eu disse anteriormente que no *flop* (no Texas Hold'em), se um jogador tiver uma mão forte ele vai olhar rapidamente para suas cartas e depois desviar o olhar. Também é verdade que, se um jogador olhar para as próprias fichas após o *flop*, pode ser que tenha uma mão forte. A razão para isso é que o foco se dirige para o interesse, e, se ele quer apostar, vai conferir quanto tem e "confessar" esse interesse ao olhar para as fichas.

Quando tomamos conhecimento de como as pessoas veem a si mesmas e ao seu mundo – o que atrai a atenção delas e o que elas evitam; o que elas mencionam e o que deixam de lado; o que condenam e o que defendem; o que aceitam e o que rejeitam –, ficamos sabendo da história do "eu". Ou, dito de outra maneira, o *que* elas enfocam e veem nos diz *por que* elas focam naquilo, e o *porquê* nos diz *quem* elas são de fato.

Como seres humanos, procuramos dar sentido a nós mesmos e ao nosso mundo por meio de histórias. E a história que orienta nossa vida é aquela que explica "quem eu sou e por que sou". Essa é a nossa *identidade narrativa*, a "história em andamento internalizada do eu que cada um de nós constrói para dar à própria vida um senso de propósito e uma unidade".[8] A história do "eu" é uma projeção fiel não apenas de quem somos, mas de onde viemos e para onde vamos.

Assim como toda boa história, a nossa precisa de um enredo coeso. Precisa fazer sentido. Uma vez construída nossa narrativa, nós, humanos, somos compelidos a mantê-la; ela é ao mesmo tempo autodefinida e autolimitada.⁹ Quando surge um furo em nossa narrativa pessoal, o ego precisa reescrever rapidamente esse trecho para explicar o *que* está acontecendo e *por quê*. Criamos uma nova história para justificar nossas interações interpessoais – o comportamento dos outros –, bem como para fundamentar nossas atitudes (em relação a nós mesmos e aos outros). O ego dá à luz uma nova narrativa. No próximo capítulo veremos como literalmente mudamos nossa história.

12

Ativando a linha defensiva

Quando confrontado com uma discrepância entre nossa narrativa e a realidade, o ego aciona vários mecanismos de defesa para distorcer a realidade. A integridade da nossa narrativa precisa ser preservada. Mentimos para nós mesmos para que possamos conviver com nós mesmos.

Ninguém quer admitir que é egoísta ou preguiçoso, nem que tem defeitos ou é um perdedor. Precisamos manter nossa narrativa intacta. O ego, portanto, é equipado com um elaborado conjunto de escudos e amortecedores – *mecanismos de defesa* – que nos permitem reconciliar a história de quem somos com as nossas atitudes. Distorcemos ou excluímos aspectos de nosso mundo para afastar da consciência seus efeitos desagradáveis. Os mais comuns são a esquiva, a negação ou a justificação.

O ato de fumar nos proporciona um exemplo clássico de dissonância cognitiva. O fumante pode estar ciente de que o cigarro provoca uma ampla gama de prejuízos à saúde, mas provavelmente também deseja ser saudável. A tensão que se cria por causa desse conflito pode ser reduzida a (a) não se pensar sobre o assunto, (b) contestar ou ignorar as evidências, (c) justificar o hábito de fumar ("Posso ser atropelado por um ônibus amanhã" ou "Preciso fumar, senão eu engordo") ou (d) aceitar a verdade e tomar medidas para parar de fumar (mesmo que nunca tenham êxito). É claro que, em vez de nos proteger (em vez de o ego se proteger), os mecanismos de defesa exibidos nas opções B e C provocam um aumento da instabilidade e da insegurança. À medida que essas defesas aparecem, o abismo entre a verdade e nossa capacidade de aceitá-la fica mais escancarado.

Você já se perguntou por que é tão importante para alguém acreditar em determinada coisa, apesar das evidências óbvias de que aquilo não é verdade? A pessoa insiste que o dicionário está errado porque não acha nele a palavra que queria usar no Scrabble. Ou se recusa a perder num quiz alegando que o gabarito tem erros de impressão. Essa pessoa "precisa" estar certa, pela mesma razão que outras precisam sentir raiva. Ela é incapaz de se sentir "diminuída", de estar errada e perder poder. Um ego inflado significa mais culpa e menos responsabilidade.

É por isso que é tão difícil para uma pessoa com baixa autoestima perdoar ou pedir desculpas.[1] O ego não arreda pé e a leva a acreditar que, se ela se apegar à raiva, vai se tornar mais poderosa e menos vulnerável. O oposto também é verdade. Se uma pessoa não consegue superar um ressentimento ou, pior ainda, se corre atrás de vingança, isso é um sinal de péssima saúde emocional. Quanto tempo ela leva para pedir desculpas quando está errada ou magoa alguém? É capaz de perdoar uma ofensa? Por outro lado, aqueles que conseguem tirar o ego do caminho com mais facilidade – que são capazes de perdoar e pedir desculpas quando é necessário e apropriado – possuem maior força emocional. O eminente psiquiatra Thomas Szasz não mede palavras ao afirmar: "Cuidado com a pessoa que nunca pede desculpas. Ela está fraca e apavorada, e, às vezes, ao menor sinal de provocação, reage com a ferocidade desesperada de um animal acuado."[2]

ATRAVÉS DO ESPELHO

Quando se trata das nossas atitudes com os outros, o ego está igualmente bem equipado para se eximir de comportamentos imorais, egoístas ou danosos, por meio (a) da isenção de responsabilidade ("Eu estava apenas cumprindo ordens"), (b) do contraste subjetivo ("Todo mundo fez X e Y, eu só fiz X") ou (c) da deslegitimação da vítima ("Ele não é uma boa pessoa" ou "Ela não se importa com ninguém mesmo").

Fazemos constantemente microajustes em nossa narrativa por meio do *erro fundamental de atribuição*, também conhecido como *viés de correspondência*. Graças a ele, estamos preparados para redimir nossos erros ou nossos lapsos morais colocando a culpa na situação ou em circunstâncias que fogem ao nosso controle, ao passo que atribuímos intenção ou uma explicação baseada na personalidade quando vemos o mesmo comportamento nos outros.[3] Isso lembra uma frase do saudoso comediante George Carlin: "Você já reparou que qualquer pessoa dirigindo mais devagar que você é um idiota e quem vai mais rápido que você é um doido?" É verdade que, quando alguém nos corta no trânsito, nosso primeiro pensamento geralmente é baseado no caráter (por exemplo, "Ele é maluco", "É um egoísta", "Não sabe dirigir"), em vez de atribuirmos seu comportamento a uma situação (por exemplo, a pessoa está correndo para o hospital ou passando por alguma outra emergência). Por outro lado, quando *nós* cortamos alguém no trânsito, damos uma justificativa nobre ou minimizamos a situação (por exemplo, "Vou dar uma lição a esse cara", "O carro dele apareceu do nada", "Tenho uma reunião importante", "Depois do dia que eu tive, mereço chegar em casa logo para relaxar"). Acreditamos que as nossas ações não indicam nada de vergonhoso a respeito de nosso caráter.[4]

Quanto maior o ego de alguém, mais difícil é enxergar além de si e de seus desejos e necessidades. A empatia exige uma mudança de perspectiva – colocar-se no lugar do outro. Se uma pessoa só vive autocentrada, focada exclusivamente em suas próprias dores, o ego finca a perspectiva dela nesse lugar e se torna impossível para ela fazer um desvio e enxergar as coisas pelos olhos do outro. Quando em um estado positivo, essa pessoa pode ser mais simpática, aparentemente compreensiva e demonstrar interesse na vida dos outros, mas não se deixe enganar – é apenas curiosidade disfarçada de preocupação.

O espelho quebrado

A maioria das pessoas não se ofende ao se deparar com uma verdade com que concordam integralmente, e não costumamos nos incomodar com uma mentira descarada e ridícula. Apenas quando nos deparamos com uma verdade que nos recusamos a aceitar é que ficamos sensíveis ou constrangidos. Isso gera medo e ativa nosso mecanismo de defesa.

Uma vez que tenhamos aceitado por completo algo sobre nós mesmos ou nossa vida, não precisamos mais nos esconder disso. Não nos importamos com quem já sabe ou fica sabendo e não deixamos que a realidade nos atrase. A verdade, uma vez aceita, jamais pode ser afetada, mas uma ilusão pode se quebrar com uma única palavra ou um olhar.

O célebre psiquiatra Carl Jung escreveu: "Tudo que nos irrita nos outros pode nos levar a uma compreensão de nós mesmos." Muitos estão cientes de que, quando um defeito nos outros nos incomoda, é porque compartilhamos desse mesmo defeito – pelo menos em alguma medida –, ainda que ele nunca tenha se manifestado na prática. Mas isso não explica a questão por completo, porque, por exemplo, uma pessoa que sofre de alcoolismo pode muito bem ser hipersensível a esse traço nos outros, mas se ela se incomoda ou não com isso está relacionado ao grau de responsabilidade com que encara o problema. Em outras palavras, se ela enxerga o vício em si mesma, se o aceita e toma medidas responsáveis para tratá-lo, ao perceber a doença no outro isso provoca compreensão e empatia, não desdém.[5]

Quanto maior o ego de alguém, mais difícil é enxergar além de si e de seus desejos e necessidades. A empatia exige uma mudança de perspectiva – colocar-se no lugar do outro.

TOCANDO EM UM NERVO

Lembre-se de que, sempre que há uma ameaça ao nosso eu emocional – quanto mais baixa nossa autoestima, em geral, e quanto mais fundo a verdade abala nossa autoimagem, em particular –, nosso medo aumenta. Nossa defesa não costuma ser ativada em áreas que não atacam diretamente nossa autoimagem. Por exemplo, se você cozinha muito mal e uma pessoa critica a sua comida, o impacto é insignificante quando (a) você concorda totalmente com a crítica e (b) você não se vê como um mestre-cuca e, inclusive, pode até falar com muito orgulho que não consegue nem fritar um ovo. No entanto, quanto mais perto chegamos da autoimagem de uma pessoa, mais nos aproximamos do cerne de sua narrativa pessoal: *Isso é quem eu sou*. É aí que o ego entra em ação para se proteger.

Imagine, por exemplo, um chef profissional com baixa autoestima. Sua autoimagem inteira está em jogo a cada refeição que ele prepara ou a cada concurso de que participa. Podemos prever que se tiver uma personalidade mais dominante esse chef será barulhento e controlador e, provavelmente, presunçoso e arrogante. Sabemos que ele vai ficar desestabilizado se as coisas não saírem como planejado. O tipo mais passivo tende a reclamar, adotar uma postura divergente e parecer um pouco abatido. Também podemos fazer uma engenharia reversa: observar a reação de uma pessoa a determinada situação nos permite saber mais sobre ela.

E o que dizer de alguém que é hipersensível a qualquer divergência, que dirá a críticas? Uma pessoa que se ofende com facilidade e que fica extremamente defensiva quando suas opiniões, atitudes e crenças são questionadas demonstra que tem uma autoestima excepcionalmente baixa e um ego em constante estado de alerta.

A LINGUAGEM DO DISTANCIAMENTO E DA DISSOCIAÇÃO

Não precisamos esperar que uma pessoa parta para o ataque para saber que tocamos em um ponto sensível. Os padrões de discurso de uma pessoa expõem sua ansiedade no nível inconsciente e podem ser identificados por meio da linguagem do distanciamento. Imagine que um amigo seu esteja de dieta e, depois de alguns dias viajando, diga:

> **Declaração A:** "Essa viagem acabou comigo."
> **Declaração B:** "Eu não me saí muito bem nessa viagem."

Qual frase caracteriza uma pessoa que assume a responsabilidade por sua dieta, por si mesma e por sua vida, e qual revela uma postura de vítima? Observe que, na primeira afirmação, "a viagem" é a culpada pelo comportamento da pessoa, e, na segunda, ele assume responsabilidade pelo próprio comportamento e pelos seus excessos por meio da linguagem do eu. As palavras podem variar, mas o padrão de responsabilidade ou evasão se mantém. Agora, digamos que você pergunte mais a fundo sobre por que seu amigo saiu da dieta:

> **Declaração A:** "Simplesmente não dá para comer bem com tanta comida à disposição. É impossível manter a dieta em viagens."
> **Declaração B:** "Eu devia ter levado minha própria comida. Cometi o erro de achar que dava para provar um pouco de tudo."

Quando alguém fala dos próprios sentimentos na forma impessoal (como na primeira declaração) em vez de relatar os fatos na primeira pessoa (como na segunda), isso indica que seu ego claramente ativou um mecanismo de distanciamento para aliviar a dor emocional. Dê uma olhada nos seguintes pares de declarações e observe quais delas sinalizam uma ansiedade reprimida:

> **Declaração A:** "Arrumei um problema."
> **Declaração B:** "Surgiu um problema."
>
> **Declaração A:** "Isso é o que eu acho."
> **Declaração B:** "É o que passa pela minha cabeça."
>
> **Declaração A:** "Eu tenho esses pensamentos malucos às vezes."
> **Declaração B:** "Esses pensamentos malucos surgem aleatoriamente na minha cabeça."

Declaração A: "Estou com problemas em casa."
Declaração B: "As coisas em casa estão estranhas."

As primeiras declarações abraçam a responsabilidade, enquanto as segundas se eximem dela. Outras evidências de dissociação (da responsabilidade) ficam evidentes quando um indivíduo se associa a um grupo. Um paciente, por exemplo, diz à terapeuta "Você não se importa com os seus pacientes" em vez de "Você não se importa comigo".[6] O caso mais extremo é quando, por meio da linguagem, a pessoa exclui tanto a si mesma quanto o alvo de sua mensagem. Ela efetivamente corta todas as conexões emocionais, de modo a reduzir sua vulnerabilidade a zero: "Os terapeutas não se importam com seus pacientes."[7]

Outros mecanismos de dissociação se valem da intelectualização e da conceituação dos próprios sentimentos. Por exemplo, um psiquiatra pede a uma paciente que descreva como ela se sentiu quando sua mãe a abandonou ainda na infância. A paciente responde: "Fiquei muito magoada quando minha mãe foi embora." Essa parece ser uma expressão honesta e saudável de seus sentimentos. Se ela fosse incapaz de admitir o sofrimento, sua resposta soaria mais como:

- "É uma coisa difícil para qualquer criança."
- "Sabe, a vida não é fácil para muita gente."
- "Você aprende a crescer rápido."

A dissociação é a alternativa mais extrema dos mecanismos de defesa para lidar com a ansiedade suprimida ou reprimida. Quando a dor é intensa demais, o "eu" vai embora para que seja possível lidar com sentimentos avassaladores. Por esse motivo, pessoas em luto extremo não usam os pronomes típicos do autocentramento (*eu, mim, meu, minha*). A tristeza, ou até mesmo a depressão clínica, direciona nosso foco para nós mesmos. A dor intensa, por outro lado, é canalizada para longe do eu. Ao empregarmos um para-choque emocional, não somos atingidos pela emoção à flor da pele. Isso é semelhante à experiência da raiva extrema, quando evitamos pronomes pessoais e optamos por uma linguagem aparentemente impessoal, distante ou pragmática.

A dissociação é a alternativa mais extrema dos mecanismos de defesa para lidar com a ansiedade suprimida ou reprimida.

Perceber quando passamos perto de um nervo exposto pode nos ajudar a avaliar o medo e as inseguranças do outro, e saber com antecedência quais áreas são mais sensíveis é um conhecimento inestimável. Embora nossos valores comuniquem ao mundo o que é importante para nós, estamos prestes a ver como a natureza qualitativa dos nossos valores apresenta um autorretrato do nosso eu mais profundo.

13

O significado dos valores

Quando falam ou escrevem sobre si mesmas, as pessoas geralmente enfatizam um de cinco domínios. Elas falam em termos de seus traços de caráter (por exemplo, "Sou honesto", "Sou simpático", "Sou trabalhadora"), seus relacionamentos ("Sou pai de três meninas incríveis", "Gosto de fazer amigos"), suas posses ("Tenho uma casa à beira do lago", "Adoro passear no meu Mustang 1967 restaurado"), seus atributos físicos ("Tenho um porte atlético", "Tenho olhos azuis e cabelo louro") ou sua profissão ou conjunto de habilidades ("Sou arquiteta", "Sou bom em trabalhos manuais"). A partir disso, podemos determinar com precisão temas que revelam a autoimagem de uma pessoa – como ela se vê, o que valoriza em si mesma e também o que ela acredita que a torna valiosa para os outros.

A lógica nos diz que os mesmos traços que valorizamos em nós são os que valorizamos nos outros. O indivíduo que se orgulha de sua aptidão física tende a admirar essas mesmas qualidades nos outros. Para ele, isso é significativo e torna alguém digno de estima e conexão. Vale para qualquer traço. Uma pessoa pontual, ainda que em excesso, considera a pontualidade uma virtude.[1] É essencial ressaltar que apenas os traços e as características que valorizamos em nós mesmos são o que admiramos e o que nos atraem nos outros. Um obeso mórbido que é também acumulador provavelmente não admira essas características se estiver descontente com a própria sorte. O executivo egocêntrico que está sempre atrasado não acha graça nenhuma quando é ele que fica esperando.

A conclusão aqui é que, seja qual for a característica em que a pessoa estiver focada em relação à própria vida, ela provavelmente estará prestando uma atenção desproporcional na presença ou ausência dessa característica em você. Da mesma forma, quando sabe a que traços uma pessoa está particularmente alerta nos outros, você sabe o que ela valoriza. Como observou C. S. Lewis: "Assim como os homens elogiam espontaneamente tudo que valorizam, também espontaneamente nos chamam para nos juntar a eles no elogio: 'Ela não é linda? Aquilo não foi sensacional? Você não acha isso magnífico?'"[2]

Observe como as pessoas direcionam a conversa ou às vezes mudam completamente de assunto. Antigamente, quando o Cadillac era, bem, o Cadillac dos carros, um conhecido meu achava necessário mencionar em todas as conversas o fato de ser dono de um. Eu me lembro de vê-lo apertando a mão de um novo colega e já dizer, sem perder tempo: "Belo aperto de mão, meu garoto. O sujeito que me vendeu o meu carro tem um aperto de mão assim." Em seguida, éramos brindados com a marca e o modelo do veículo.

Uma pessoa que não tem o que acha valioso é hipersensível nesse quesito. No caso do meu conhecido, a constante necessidade dele de mencionar um bem caro (seu Cadillac) revelava sua insegurança em relação ao dinheiro. Qualquer que seja o valor, o ego vai procurar retratar e projetar essa imagem, e sua autoestima reluz quando o valor é trazido à tona. Lembre-se do capítulo anterior: que quando há uma ameaça ao eu emocional de uma pessoa, quanto mais baixa sua autoestima e quanto mais próxima a ameaça estiver de sua autoimagem, mais o ponto fraco de sua narrativa pessoal ficará exposto – e mais intensamente o ego entrará em atividade para se proteger.

O VALOR DO SIGNIFICADO

A felicidade autêntica e constante – sem falar na saúde mental – está presente na nossa conexão com a realidade, não na nossa fuga dela. Quanto mais significado uma coisa tem, maior o prazer inerente que ela traz. Deitar no sofá e ver TV é sem dúvida confortável, mas pouco significativo. A busca pelo conforto é basicamente uma forma de se esquivar da vida, e não apenas nos priva do prazer genuíno como também provoca um curto-circuito em todo o nosso bem-estar.

Não se engane: a busca por objetivos orientados pelo ego nos tira da realidade tão completa e rapidamente quanto a busca por prazer e diversão. O renomado psicólogo e sobrevivente do Holocausto Viktor Frankl descreve isso como "um grito em vão por significado". Já Sigmund Freud escreve: "É impossível escapar da impressão de que as pessoas geralmente usam falsos padrões de medida – que elas buscam poder, sucesso e riqueza para si e admiram isso nos outros, e que subestimam o que é de verdadeiro valor na vida."[3]

Estudos confirmam que aqueles que dão importância elevada ao dinheiro e à fama são significativamente menos felizes e emocionalmente menos equilibrados do que aqueles que se esforçam para trazer significado para sua vida buscando relacionamentos saudáveis, desenvolvendo seu potencial e se envolvendo em causas sociais.[4] Não que ter dinheiro ou fama *faça você infeliz*. De jeito nenhum. Você *pode* ter essas coisas e também ser feliz, mas a felicidade não depende delas. Estar confortável e se divertir não basta. Nosso eu mais profundo nos atormenta – não apenas para fazermos mais, mas também para nos tornarmos algo mais. Nas palavras de Abraham Maslow: "Se você planeja ser menos do que é capaz de ser, provavelmente vai se sentir infeliz e com raiva todos os dias de sua vida."[5]

O eixo da psicologia há muito tempo consiste nas seguintes teorias sobre nossa motivação: Sigmund Freud (somos motivados pelo prazer), Alfred Adler (somos motivados pelo poder) e teoria do significado (nos esforçamos principalmente para encontrar significado). Podemos ver como esses três modelos se fundem em um único constructo. A busca por significado nos dá o máximo de prazer, cujo pré-requisito é a autorregulação, ou a capacidade de manter o controle sobre si mesmo. Essa é a forma mais elevada de poder.

AUTOESTIMA, CONTROLE DE IMPULSOS E SAÚDE EMOCIONAL

Agora fechamos o círculo. O combustível necessário para uma vida com significado – de um jeito coerente com nossos verdadeiros valores – requer controle de impulsos: a capacidade de dizer não a si mesmo. No entanto, se você não gosta de si mesmo, não vai investir em si mesmo. Ponto. A autoestima – que é o amor-próprio – alimenta o desejo e a energia para a autodisciplina. Quando a autoestima está baixa, nosso interesse e nossa atenção mudam do longo prazo para a gratificação imediata – se for bom, faça, e danem-se as consequências. Nosso foco de curto prazo é superficial e limitado. Inúmeros estudos comprovam a relação entre baixa autoestima e uma série de comportamentos e hábitos autodestrutivos, desde jogos de azar, games e compras, passando por atividades impulsivas e arriscadas, até a automutilação.

Quando temos amor-próprio, podemos investir em nossa satisfação e em nosso bem-estar a longo prazo com força máxima e dor mínima. Da mesma forma, quando amamos alguém, queremos nos dedicar a essa pessoa, e quando amamos a nós mesmos, queremos nos dedicar a nós mesmos. Podemos fazer isso facilmente porque não estamos focados no esforço (também conhecido como dor), mas na recompensa (também conhecida como prazer). A forma como nos sentimos quanto a nós mesmos define a totalidade da experiência. A dor ou o esforço envolvidos em qualquer tarefa são sentidos apenas em contraste com o grau de autoestima.

Quando alguém não se sente bem consigo mesmo, muitas vezes busca o refúgio temporário e vazio da gratificação imediata, e cede aos impulsos em vez de enfrentá-los. O prazer efêmero que mascara o desprezo por si mesmo se dissipa rapidamente, porque o conforto buscado é substituído por uma dor ainda maior. A pessoa só se afunda cada vez mais. Quando procuramos evitar a dor de desafios legítimos, estamos essencialmente nos esquivando de ter uma vida significativa e, portanto, prazerosa.

Quem paga o preço

Transtornos de personalidade e transtornos afetivos não são de forma alguma mutuamente excludentes. Mas quem sofre de transtorno de personalidade reduz sua dor particular infligindo-a aos outros. A falta de controle sobre os impulsos que levam a uma dívida de jogo, por exemplo, pode resultar em uma tentativa de manipular outras pessoas para virem em seu socorro. Algumas podem recorrer ao crime ou à violência para aliviar o fardo.

Com ou sem transtorno de personalidade, aqueles que sofrem de um transtorno afetivo são mais propensos à autodestruição voluntária por meio de um ou mais vícios. Para aliviarem sua dor, eles recorrerão a qualquer distração ou diversão disponível. Suas autopunições se disfarçam de prazer – comer em excesso, beber em excesso, fazer uso abusivo de drogas e outras distrações intermináveis – para não precisarem olhar para sua vida. Eles querem se amar, mas em vez disso se perdem. São incapazes de investir no próprio bem-estar, então substituem o amor por ilusões. Com o tempo – e em graus variados de consciência disso –, à medida que a culpa e a vergonha se acumulam, a autossabotagem se transforma em flagelação. Eles deixam de tentar escapar da dor e passam a infligi-la a si mesmos.

Por que algumas pessoas lidam melhor com o estresse e o trauma do que outras? A resposta está na resiliência. No próximo capítulo vamos mergulhar mais fundo nos meandros da autoestima, no controle dos impulsos e na ansiedade. Quando entendemos como as pessoas respondem aos fatores de estresse da vida, nos tornamos capazes de prever quem vai resistir e quem vai ceder.

14
O fator resiliência

Embora as circunstâncias afetem nossa saúde mental, a capacidade de superar desafios e dar a volta por cima é o fator que determina o impacto que os eventos externos têm sobre nós. Resiliência emocional é a capacidade de se adaptar e lidar com o estresse e superar a adversidade sem se transformar em uma pessoa psicologicamente disfuncional (como desenvolver um humor deprimido persistente ou uma depressão clínica). Podemos pensar na resiliência como um "antiaderente" emocional, uma espécie de resistência que não apenas nos ajuda a lidar com o estresse do dia a dia, mas também nos protege quando ficamos diante de fatores relevantes de estresse ou traumas.

MENOS EGO = MENOR NECESSIDADE DE CONTROLE

A resiliência emocional nasce de uma crença em nós mesmos e de uma crença em algo além de nós mesmos. Nem sempre existe um *porquê* que nós (nosso ego) possamos entender a partir de nossa perspectiva limitada. Uma vez que estejamos dispostos a aceitar isso, não precisamos mais dar sentido ao incompreensível.

Claro, o ego não pode permitir isso. Ele precisa transformar os mistérios – de todos os tamanhos e impactos – em revelações. Está sempre se agarrando a tramas ilógicas em uma tentativa vã de explicar o inexplicável. A resiliência está ligada à nossa capacidade de aceitar que algumas das provações mais dolorosas da vida estão além da nossa compreensão. Se aceitarmos ou, melhor ainda, abraçarmos o desconhecido – e, embora não tenhamos como entender o porquê, soubermos que ele vem para o nosso bem maior –, então nos aproximaremos da resiliência emocional. Se permitirmos que o ego leve a melhor sobre nós, então cada solavanco e cada tropeço serão recebidos com revolta, reforçando a mensagem do ego de que somos maus e merecemos dor e punição.

Quanto mais egocêntrica uma pessoa é, mais o mundo gira em torno dela e, devido à sua baixa autoestima, mais ela acredita ser merecedora de dor e sofrimento. Assim, ela conclui que tudo está *contra* ela – não *a favor* dela, em nome de um bem maior –, porque, da sua perspectiva, o universo (e todo mundo que vive nele) a odeia. O indivíduo egocêntrico personaliza tudo. Chove quando ele viajou para acampar porque ele não tem o direito de se divertir. O engavetamento de oito carros que o atrasou para uma reunião foi orquestrado para se vingar dele. Tudo tem a ver com ele. Conforme o egocentrismo se expande, a pessoa pode se tornar paranoica e passar a achar que é o epicentro de tudo que acontece.

Todos nós fugimos em alguma medida

Para onde quer que se olhe, há veículos convenientes para a distração sem sentido. O entretenimento instantâneo proporciona uma fuga para outros universos, um labirinto sem fim de games, filmes, programas de TV, blogs e fóruns onde podemos nos dissociar dos fatores de estresse da vida. Cada vez que optamos por tapar o sol com a peneira, nossa resiliência é prejudicada.

Quando não temos como desligar o falatório incansável da nossa cabeça – as preocupações, os medos e as ansiedades –, nós mesmos desligamos. Silenciamos o barulho incômodo da reflexão e aumentamos o volume da ilusão. Percorrendo milhões de feeds do Twitter, pesquisadores descobriram que os usuários que sofrem de depressão frequentemente escrevem sobre distração e escapismo. Entre as palavras mais recorrentes estão: *assistir, hora do filme, episódio, ler, temporada, totalmente, livro, peça favorita, personagem, incrível, cena, estrela, coisas, legal, terror* e *começar*.[1]

O psicólogo e guru do marketing Ernest Dichter, conhecido como o "pai da pesquisa motivacional", explica que, quando os seres humanos sentem medo, a maioria regride a comportamentos tranquilizadores, até mesmo infantis, e a impulsos animalescos para se distrair da própria ansiedade e dar uma finalidade a ela.[2] Essa é a psicologia por trás da *comfort food*, que costuma ser rica em açúcar, gordura saturada ou sal. Ela oferece uma sensação de plenitude em vez de vazio e costuma melhorar nosso humor (ainda que por pouco tempo). Cria uma sensação de bem-estar de curta duração, estimulando o sistema de recompensa do cérebro, que ameniza momentaneamente o sofrimento emocional.

Essa observação é particularmente útil porque revela como as pessoas lidam com o estresse da vida de modo geral. A *teoria da gestão do terror* explica que lidamos com a ansiedade de duas formas. Quando estamos vivendo uma vida plena e equilibrada, tendemos a abraçar nossos valores e crenças – aquilo que traz sentido à nossa vida. Isso é conhecido como a *hipótese da saliência da mortalidade* e promove uma autorregulação. Entretanto, se estamos vivendo uma vida pouco significativa, acalmamos nossos medos com a ajuda da autoindulgência – de chocolate até férias. Isso é conhecido como a *hipótese do amortecedor de ansiedade*.[3] Você já se perguntou por que as propagandas nos noticiários noturnos geralmente são de produtos que proporcionam escapismo? Estudos descobriram que notícias sobre desastres e mortes fazem com que os espectadores entrem em uma mentalidade de "Comamos e bebamos porque amanhã morreremos!".[4] Em outras palavras, notícias tristes fazem com que você queira ceder à indulgência – e buscar gratificação imediata. O calcanhar de Aquiles do controle de impulsos está em como administramos nossos medos. É útil entender isso porque, em inúmeras ocasiões – como em um encontro, uma negociação ou uma entrevista –, a forma como as pessoas costumam reagir a situações que lhes provocam ansiedade é um espelho da saúde mental delas.[5] Elas veem, assimilam e respondem; reagem e depois se arrependem; ou simplesmente se encolhem e se escondem? Quando nos vemos diante de um fator de estresse, analisamos a situação e depois decidimos como responder. Fazer pausas durante o expediente, por exemplo, é algo positivo. No entanto, se você tem ansiedade relacionada ao trabalho, essas pausas devem levá-lo a lidar com a ansiedade, não a evitá-la. Se fecha o notebook e se distancia durante uma crise de ansiedade, você alimenta um padrão de escapismo. Ao fugir, você reduz temporariamente a ansiedade, mas reforça o padrão neural de que esquivar-se proporciona calma e conforto. Essa calma dura pouco, porque logo é substituída pela culpa, que é a raiva voltada para si.

Em inúmeras ocasiões – como em um encontro, uma negociação ou uma entrevista –, a forma como as pessoas costumam reagir a situações que lhes provocam ansiedade é um espelho da saúde mental delas.

O ciclo de raiva e ansiedade não para de reforçar a si mesmo. Entre os gatilhos mais relevantes do fracasso da autorregulação – que nos fazem perder o autocontrole e ceder aos nossos impulsos – está a raiva.[6] De forma previsível, a raiva dá lugar a uma série de comportamentos e hábitos autodestrutivos, como o alcoolismo, o vício em jogos de azar e a dependência química.[7] Você já reparou que, quando está com raiva de si mesmo, fica mais propenso a esbarrar nas coisas ou derrubá-las? Isso é a confusão emocional – o estar com raiva de si mesmo – se manifestando fisicamente. Talvez você estivesse distraído e com pressa e, literalmente, não tenha visto aquela mesa. Mas também é psicologicamente provável que você estivesse experimentando uma tentativa inconsciente de se punir porque tomou uma decisão que sabia que não era certa, mesmo que não tivesse como agir de outro modo. Colocando de forma mais simples: a culpa é uma força negativa que nos sobrecarrega, nos fazendo adotar um comportamento autodestrutivo cuja motivação é inconsciente. De acordo com um estudo envolvendo mais de 2.500 pacientes que sofreram ferimentos graves e procuraram atendimento na emergência hospitalar, pesquisadores descobriram que 31,7% relataram algum grau de irritabilidade pouco antes da lesão, 18,1% relataram estar sentindo raiva e 13,2% disseram se sentir agressivos.[8]

O EXCESSO E A AUSÊNCIA

A qualidade da nossa vida emocional é diretamente proporcional ao volume de responsabilidade que estamos dispostos a assumir. Em *Reality Therapy* (Terapia da realidade), o renomado psiquiatra William Glasser escreve: "As pessoas não agem de forma irresponsável porque estão doentes; estão doentes porque agem de forma irresponsável."⁹ Mas como de fato medimos a responsabilidade? A questão não é tão simples quanto se poderia supor – porque as pessoas que sofrem de transtornos de personalidade lidam com seus impulsos por meio ou do controle excessivo, ou da ausência dele. O que soa como boa saúde emocional e convicção em relação a valores e ideais morais pode ser algo completamente diferente.

Há uma antiga charada que diz: "Qual o mais longe que se pode ir em uma floresta?" A resposta é *o meio do caminho*, porque depois do meio você começa a sair da floresta. Para medirmos o bem-estar emocional, muitas vezes procuramos o meio da floresta – o equilíbrio e a moderação. Quando presente ao extremo, praticamente qualquer atitude ou comportamento – não importa quão admirável ou razoável – começa a se transformar em um emaranhado que remete a uma saúde precária.

Por exemplo, a limpeza é uma virtude, a menos que alguém seja tão obcecado que comece a limpar sem parar, frenética e compulsivamente, a ponto de limpar coisas que não estavam sujas. Ter algum grau de abertura e receptividade é uma característica positiva e saudável, claro; assim como ser cauteloso e reservado em alguma medida. Mas, quando nos aproximamos de um dos extremos, estamos entrando em um território insalubre. Da mesma forma, praticar exercícios é uma coisa positiva e saudável; no entanto, correr com o pé quebrado porque você acha que tem que "estar em dia com os exercícios" claramente não é um bom sinal. Esse comportamento é perigoso e não representa nem disciplina nem sabedoria, mas seu oposto: estupidez e ausência de autocontrole. Quase todo traço admirável tem uma contraparte doentia:

- Ser afetuoso é positivo, ao passo que ser distante ou indiferente, não – mas ser grudento não é saudável.

- Demonstrar coragem é positivo, ao passo que se acovardar, não – mas ser inconsequente não é saudável.
- Ter determinação é positivo, ao passo que ser indeciso e inseguro, não – mas ser cabeça-dura não é saudável.
- Ser flexível é positivo, ao passo que ser intransigente e teimoso, não – mas não ter caráter não é saudável.
- Confiar nos outros é positivo, ao passo que ser paranoico, não – mas ser ingênuo demais não é saudável.

A falta de controle dos impulsos pode se manifestar como um desrespeito frequente por si mesmo e pelos outros. A pessoa paga a fatura do cartão de crédito em dia e vive de acordo com a sua realidade? Ou é descuidada e irresponsável com o dinheiro? É ponderada e calculista em suas decisões? Ou tem um comportamento de alto risco, péssima capacidade de julgamento e demonstra imprudência com sua própria segurança e a dos outros? Reflete sobre as coisas e avalia as consequências? Ou pode ser descrita como alguém que toma decisões precipitadas e intempestivas?

Ao mesmo tempo, devemos estar atentos aos extremos, como a uma pessoa que é incapaz de assumir riscos mesmo de forma responsável e de investir em si mesma. Um autocontrole inflexível e excessivo pode ser sinal de um distúrbio de personalidade oculto. Pessoas com transtorno da personalidade evitativa, por exemplo, têm medo de se aventurar em ambientes sociais por receio de serem ridicularizadas ou desprezadas. Da mesma forma, pessoas que sofrem de transtorno da personalidade obsessivo-compulsivo têm um medo extremo de cometer erros ou imperfeições. Assim, a consciência hiperativa delas as leva a serem excessivamente escrupulosas e hiperfocadas em regras e regulamentos. Isso é válido em todos os domínios. Há os que desafiam a autoridade a cada gesto porque não a respeitam, menos ainda as normas sociais.

Ao mesmo tempo, há os que têm medo de desrespeitar ou até mesmo quebrar a menor das regras por temor às consequências e apresentam um medo desproporcional da autoridade.

Há muito mais coisas no cenário psicológico, porque não só existem inúmeras doenças mentais catalogadas como também um volume absurdo de gradações. O desafio de identificar os problemas é ainda maior porque, muitas vezes, eles se entrelaçam ou se sobrepõem, com uma taxa de comorbidade de 90%.[10] Quando uma pessoa convive com um transtorno de personalidade, é provável que tenha pelo menos mais um outro, bem como apresente maior suscetibilidade à ansiedade e à depressão.

Na Parte Quatro, meu sistema de elaboração de perfil vai permitir que você descubra se alguém está emocionalmente doente sem que precise fazer um diagnóstico formal. Ele foi projetado para oferecer uma visão da estrutura mental de uma pessoa, não para rotulá-la com uma doença ou um distúrbio específico (embora determinadas condições exijam maior atenção). Isso nos possibilita saber até que ponto um indivíduo está longe de ser emocionalmente saudável em vez de patologizar seus sintomas em um diagnóstico categórico.

PARTE QUATRO

Como elaborar um perfil psicológico

Se você está preocupado com um novo relacionamento ou mesmo com um antigo, não vai mais precisar se questionar sobre o que está acontecendo e o que pode dar errado. Mesmo quando sua interação com alguém se limitar à mera observação ou a uma breve troca – seja em uma videochamada, no parque ou mesmo no elevador –, esta seção vai ajudar você a abrir a janela para a psique de qualquer pessoa e enxergar sua estabilidade emocional. Você vai aprender a determinar se uma pessoa é normal, neurótica ou efetivamente perigosa – seja pessoalmente, on-line ou até mesmo por telefone.

15
Em busca da sanidade

Nossa perspectiva determina como enxergamos e reagimos a uma situação, e nos orienta (ou nos confunde) a classificá-la em uma de duas categorias – "importa" ou "não importa". Para se fazer uma avaliação psicológica da forma mais prática e objetiva possível, é preciso responder às seguintes perguntas: a pessoa tem uma visão equilibrada das prioridades da vida? Ou dá ênfase excessiva às pequenas coisas, ao passo que talvez ignore as mais importantes? Ela parece saber o que é importante e o que não é? Ou vive em um estado perpétuo de caos e crise, em que há sempre alguma coisa acontecendo? Ela tem uma atitude de gratidão ou de expectativa? Ou está constantemente se sentindo culpada e reclamando? Ela aproveita a vida, apesar dos ocasionais reveses? Ou está apenas esperando o próximo desastre acontecer?

Se você perceber que alguém está constantemente agitado por conta de coisas pequenas (e empolgado com coisas banais), preste atenção. Para uma pessoa emocionalmente doente, cada pequena coisa é enorme. Pense nisso. Em uma determinada situação em que você não tenha perspectiva, não há como dizer se algo importa ou não. A perspectiva oferece o contexto, e o contexto embasa o significado. Sem contexto, não há como perceber, muito menos valorizar, os nossos desafios.

A forma como uma pessoa reage às pequenas perdas e vitórias da vida revela muita coisa. Mas não precisamos ficar parados observando. Uma conversa do dia a dia também nos fornece uma lupa para enxergar o universo interior de uma pessoa.

A LENTE DA REALIDADE

Um marcador identificável da perspectiva está na forma como a pessoa reage às circunstâncias desafiadoras da vida, até mesmo as mais banais, e reflete sobre elas. A perspectiva se caracteriza pelo fato de classificarmos nossas experiências em duas categorias: *contaminação* ou *redenção*. A primeira está relacionada a uma saúde mental precária, e a segunda, a um maior bem-estar emocional.[1]

> Se você perceber que alguém está constantemente agitado por conta de coisas pequenas (e empolgado com coisas banais), preste atenção. Para uma pessoa emocionalmente doente, cada pequena coisa é enorme.

Uma narrativa de contaminação é aquela em que "tudo está dando errado" por causa de X, e o positivo inevitavelmente dá lugar ao negativo e passa a ser visto como arruinado em definitivo.[2] Incapaz de extrair qualquer lição – que dirá enxergar a situação como "positiva" no fim das contas –, a pessoa compõe toda a paisagem com um pincel manchado (por exemplo, "Choveu no meio do piquenique e isso estragou tudo").[3] Não há nenhum pensamento ou menção a qualquer risada, alegria e conversa até aquele momento; nada sobre ter reencontrado um velho amigo.

As partes boas talvez sejam brevemente citadas e rapidamente minimizadas ou desmerecidas. Toda doçura é azedada. O evento todo é reformulado em uma experiência negativa e gravado na memória como tal.

Em contrapartida, uma narrativa redentora é quando nos dedicamos com afinco a explorar o lado positivo, mesmo se a situação tem um desfecho objetivamente difícil ou triste. Isso não quer dizer, claro, que olhamos para trás com bons olhos para todas as dificuldades, nem que achamos que, no fim das contas, o bem venceu o mal. O que ocorre é que somos capazes de enxergar um obstáculo significativo (por exemplo, um trauma pessoal ou a doença de um ente querido) como o catalisador que, em última instância, proporciona redenção ou doçura (por exemplo, reunir a família ou mudar a perspectiva de alguém de modo a repensar seus valores).[4] Podemos também admitir que há bolsões de positividade que estimulam a gratidão (por exemplo, não houve dor, a equipe era atenciosa e estávamos cercados pela família).

Quando uma pessoa fala sobre a própria vida, a simples proporção e a densidade de detalhes e eventos positivos em relação aos negativos revelam ainda mais sua perspectiva.[5] Intuitivamente, percebemos que a ênfase de alguém no negativo está ligada a temas de contaminação, enquanto a ênfase no positivo fala de redenção. Todo mundo conhece alguém capaz de chegar a um lugar e apontar a única coisa que não está perfeita. A pessoa se concentra naquilo como uma mariposa se dirige para a luz. Essa é a realidade dela. Negativa. Por conseguinte, podemos deduzir que ela é de modo geral ingrata, sem alegria, e que adota uma postura do tipo "O que você tem feito por mim ultimamente?" em suas relações interpessoais.

Pessoas que compartilham da mesma visão de mundo têm padrões de linguagem semelhantes. Vamos ver agora que aqueles que não têm perspectiva falam uma linguagem própria.

ABSOLUTAMENTE, POSITIVAMENTE, CEM POR CENTO

No Capítulo 11 aprendemos que, para alimentar a ilusão de segurança, o ego rapidamente molda nossa visão de mundo com base em conclusões e categorias prévias. Indivíduos com alto grau de ansiedade reprimida utilizam com maior frequência expressões dogmáticas que incluem palavras e expressões como *sempre, todo mundo, ninguém, totalmente, necessário* e *com certeza*. Por outro lado, indivíduos com baixo grau de ansiedade são capazes de expressar um ponto de vista de modo mais sutil, usando palavras e expressões como *às vezes, raramente, talvez, quase* e *quem sabe*.[6]

Em casos específicos, quanto mais ansiosos nos sentimos, mais tentamos disfarçar nossas inseguranças com otimismo e convicções infantis. Alguém pergunta a um cirurgião "Ele vai ficar bem, não vai?" ou então "Qual é o prognóstico?". Intuitivamente, sabemos que a primeira pergunta vem de uma pessoa assustada e preocupada, enquanto a segunda, de alguém um pouco menos assim. Da mesma forma, quais das seguintes pesquisas no Google seriam feitas por alguém que já investiu em Bitcoin ou quer muito investir?

(a) O Bitcoin vai chegar a 100 mil dólares?
(b) O Bitcoin vai subir esse ano?
(c) O Bitcoin é um bom investimento?
(d) Qual criptomoeda vai ter melhor desempenho ano que vem?
(e) Qual é o investimento mais seguro: criptomoeda, ações ou imóveis?

A linguagem de cada uma das pesquisas nos informa quem está aberto a diferentes opções de investimento, quem está pendendo para determinada direção e quem já está decidido e procura confirmar as próprias certezas. Em geral, quanto menos embasada uma pessoa se sente, mais ela precisa que as coisas sejam preto no branco.[7] Sua identidade se fortalece ao endurecer os contornos do mundo ao seu redor.

A ausência de perspectiva se caracteriza pelo pensamento absoluto, que se reflete na forma como uma pessoa se expressa.[8] Palavras, expressões ou ideias que denotam ou simbolizam totalidade (em termos de magnitude ou de probabilidade) e comportamentos ou crenças extremistas são considerados "absolutos".[9]

Exemplos de absoluto positivo: *todos, tudo, completo*.

Exemplos de absoluto negativo: *nunca, nada, ninguém*.

Pessoas que tendem ao absoluto normalmente partem de uma incidência única e a extrapolam em direção ao *sempre* porque lhes falta perspectiva, e subsequentemente contexto, para enxergar o panorama completo. Elas também precisam ter razão, o que significa que a coerência atropela a verdade. A capacidade que elas têm de fazer associações que se encaixem em suas narrativas é simplesmente impressionante. Observe com que frequência uma pessoa opta pela memória seletiva, como uma criança que diz "Você nunca me deixa...", em oposição à variante mais saudável e equilibrada "Às vezes você não me deixa...". Outro exemplo comum: "Se eu não conseguir tal coisa, nunca vou ser feliz."

Em geral, quanto menos embasada uma pessoa se sente, mais ela precisa que as coisas sejam preto no branco. Sua identidade se fortalece ao endurecer os contornos do mundo ao seu redor.

Intensificadores: aumentando a pressão

O uso de linguagem ríspida é típico do absoluto. Em vez de fazer uma afirmação simples e precisa, como "O relógio não está funcionando", a pessoa diz: "O relógio está quebrado!" É uma perspectiva quase infantil, que evoca uma imagem de birra, em que o relógio foi atirado pela sala e se espatifou. Analise as declarações "Eu deixei meu joelho em carne viva" e "Meu desempenho comprometeu totalmente a equipe". Elas apresentam tendências absolutas (ou isto ou aquilo) e uma linguagem violenta, dura ou exagerada. "Tivemos um pequeno desentendimento" ou "Nós vemos as coisas cada um a seu modo" é bem diferente de "Tivemos uma briga enorme" ou "Entramos numa guerra por causa do cronograma". Gradações não faltam:

- Você quebrou esse troço.
- Você destruiu esse troço.
- Você destruiu esse troço inteiro.
- Você destruiu completamente esse troço inteiro.
- Você destruiu completamente o maldito troço.

O padrão de linguagem de uma pessoa revela sua personalidade e, caso haja alguma patologia mental, revela também a trajetória inevitável rumo a distúrbios *egodistônicos* ou *egossintônicos* (veja o Capítulo 10 para relembrar esses termos). O tipo emocionalmente submisso está igualmente disposto a usar intensificadores, mas com uma linguagem mais condizente com uma natureza dócil, até mesmo refinada. Isso dá origem a um padrão de linguagem em que "Eu arrasei com ele na entrevista" pode soar mais como "Eu me saí incrivelmente bem". Ao dar uma mordida em uma bela maçã madura, o tipo dominante pode dizer "Essa maçã é boa pra c******!", enquanto o tipo submisso vai expressar algo mais próximo de "Essa é a maçã mais sensacional que eu já comi na vida" ou "Eu poderia comer essas maçãs até enjoar".

O uso de palavrões é semelhante ao de termos absolutos, porque eles em geral funcionam como intensificadores adverbiais.[10] Em vez de dizer ou escrever "Estou completamente cansado disso", uma pessoa pode substituir o termo absoluto *completamente* por um intensificador adverbial mais forte, como "Estou cansado pra c****** disso".[11]

É claro que qualquer um tem o direito de falar de modo enfático de vez em quando e de usar termos abrangentes e fazer generalizações quando está com raiva ou empolgado. Por definição, esses casos são indicativos de uma perspectiva estreita, e a linguagem sinaliza com precisão o estado do indivíduo. Isso é normal e compreensível. O uso da linguagem absoluta, como todos os indicadores gramaticais, pode ser mais bem constatado ao observarmos a *frequência*, a *duração*, a *intensidade* e o *contexto*, de modo a determinar se essa postura denota um traço e sintetiza a perspectiva geral da pessoa e, portanto, a saúde mental dela.

Comentar que alguma coisa acontece todo dia, por exemplo, não é uma postura absoluta se aquilo de fato acontece todos os dias. "Todo dia eu dou o melhor de mim" está a um universo de distância de "Todo santo dia eu dou o melhor de mim, p****".

O contexto também é importante. A linguagem usada para se comemorar uma vitória em uma competição esportiva profissional, em uma partida de pingue-pongue no escritório ou no concurso de confeitaria do bairro varia, é claro, e afirmar "a completa e total aniquilação desses perdedores" com plena seriedade é menos preocupante no contexto esportivo do que nos outros dois. Da mesma forma, uma pessoa em posição de autoridade ou talvez sem tempo de sobra não tem a obrigação de suavizar uma opinião ou uma resposta e, nesses casos, pode haver uma boa razão para que ela se expresse em termos abrangentes ou que seja excessivamente direta. No entanto, tirando essas dinâmicas, o padrão gradativo de juiz, júri e algoz é revelador. Quando "Eu não gosto de frio" se torna "Ninguém gosta de frio" ou "Só um imbecil para gostar de frio", ficamos sabendo muito mais sobre essa pessoa do que apenas sobre sua antipatia por baixas temperaturas.

JUIZ, JÚRI E ALGOZ

Uma pessoa pode muito bem ter destruído o relógio inteiro. Essa afirmação pode ou não ser verdadeira, assim como muitas outras expressões de fatos e sentimentos (por exemplo, "Eu nunca pego o carro na hora do rush", "Segunda-feira é sempre o pior dia pra mim"). Mas a linguagem absoluta dá sinais mais marcantes de perturbação emocional quando nossa avaliação, nossa opinião ou nosso julgamento pessoal se tornam não apenas absolutos, mas também universais. Não surpreende que esses padrões de linguagem sejam construídos sobre o chassi do egocentrismo, bem como da perspectiva limitada e da baixa autoestima que o acompanham.

Nível 1: juiz

Quando alguém fala de uma perspectiva de "juiz", está essencialmente projetando sua perspectiva como realidade objetiva (por exemplo, "Esse é o melhor lugar pra tirar férias", "Todo mundo gosta do verão", "Não tem como organizar o dia sem uma agenda", "Ninguém gosta de sobremesas doces demais"). Cabe ressaltar que isso não se aplica a declarações que refletem preferências e aversões geralmente aceitas e universais ("Ninguém gosta de ser passado pra trás", por exemplo).

Nível 2: juiz e júri

Uma distorção de perspectiva mais preocupante é quando alguém se torna juiz e júri, tanto julgando quanto provendo um selo moral que tacha algo de *bom* ou *mau*, seja uma pessoa, um lugar ou uma ideia (por exemplo, "Quem gosta do verão é maluco", "Você é idiota se não usa agenda"). Lembre-se de que o ego se firma por meio do emprego de conclusões definitivas e de categorias abrangentes. Adjetivos de julgamento (*bom, idiota, óbvio, enlouquecedor*) servem tanto para fundamentar o ego quanto para oferecer superioridade moral ou justificativa às ações de alguém.

Nível 3: juiz, júri e algoz

Aqui a pessoa defende retaliação ou justiçamento contra aqueles que não veem o mundo pelas mesmas lentes que ela ou que contrariam seus desejos e suas expectativas (por exemplo, "Quem não gosta de X é um idiota e deveria estar preso").

Dentro de cada nível, um intensificador verbal pode ampliar a distorção. No nível 3, por exemplo, há uma notável distinção entre "Quem não gosta de esporte é idiota e deveria estar preso" e "Quem não gosta de esporte é um completo idiota e deveria levar um tiro na cara". Ambas as declarações indicam uma personalidade dominante. O uso persistente dessa linguagem sinaliza um distúrbio *egossintônico*. A contraparte submissa talvez soasse como: "Não quero nada com pessoas que não apreciem arte; todas elas deveriam viver longe da humanidade." O sentimento é o mesmo, mas a agressividade é silenciada. Já sabemos que não podemos fazer um julgamento precipitado com base em uma única frase, mas às vezes um pequeno detalhe gramatical oferece um insight valioso e talvez queiramos fazer uma investigação mais a fundo quando necessário. Mais uma vez, levar em conta *frequência, duração, intensidade* e *contexto* permite diferenciar estado de traço.[12]

Vou ilustrar isso com um diálogo que vai se desdobrando. Depois de experimentar uma sobremesa, Jane diz: "Este é o melhor bolo que eu já comi." Essa afirmação é dramática, mas podemos admitir que seja factual. No entanto, dizer "Esse vai ser o melhor bolo da sua vida" transforma uma opinião – que é, por definição, subjetiva – em um fato e move Jane para a esfera do julgamento. Depois de experimentar o bolo, Hana comenta: "Nada mau." Como a resposta de Hana carece do entusiasmo adequado e da confirmação de seu "fato", Jane fica irritada: "Você não sabe do que está falando!" A incapacidade de Jane de aceitar que suas papilas gustativas podem não representar toda a humanidade é reveladora – e, mais ainda, ela precisa classificar Hana não só como equivocada, mas também como uma pessoa ruim, porque tem uma opinião diferente.

Todos temos direito às nossas preferências e aversões, e podemos acreditar que os outros devem ver as coisas da mesma forma que nós. No entanto, quanto menos saudável é uma pessoa, mais ela *precisa* que os outros adotem a visão de mundo dela.[13] No caso de Jane, há pouca margem para que ideias e crenças opostas possam coexistir, porque elas representam uma ameaça existencial ao seu sistema de valores e crenças – o DNA de sua identidade narrativa. Aquilo em que ela acredita representa quem ela *é* e precisa ser protegido a todo custo.[14] Isso é quem ela é, e, se você não gosta do que ela gosta, então não gosta dela. Segundo o egocentrismo de Jane, se você não acredita no mesmo que ela, então quem estiver errado deve deixar de existir – e não será ela.

Vamos dar uma olhada mais a fundo na psique de uma pessoa assim.

CADA IMAGEM CONTA UMA HISTÓRIA

Jantando em um restaurante, o cliente acha que a garçonete não está sendo simpática. A perspectiva mais saudável é não levar para o lado pessoal e presumir que talvez ela esteja tendo um dia difícil ou que tenha uma vida difícil. De um jeito ou de outro, o cliente estaria focado não na própria dor, mas na da garçonete. Lembre, no entanto, que uma pessoa em sofrimento emocional fica perpetuamente absorta em si mesma. Seu ego faz com que sua perspectiva seja inflexível e ela não tem como fazer um desvio e ver as coisas pelos olhos do outro. Os seguintes sentimentos aparecem, em ordem decrescente de gradações do estado emocional do cliente, e, se o sentimento for parte de um padrão, diz muito sobre sua saúde emocional de modo geral:

- Essa garçonete é grossa.
- Todas as garçonetes desse lugar são grossas.
- Ninguém no setor de serviços tem boas maneiras.
- Pessoas grossas são o maior problema deste país.
- Pessoas grossas deveriam ser fuziladas.

A dor é insuportável para a pessoa que expressa consistentemente sentimentos que ecoam a quinta resposta. O desrespeito ou a invalidação diretos tocam seu âmago, porque são internalizados como uma desconexão, fazendo-a se "lembrar" de sua completa falta de valor.

Cada evento que presenciamos é como um livro em branco, até que escrevamos o roteiro com nossos pensamentos. Por exemplo, quando uma pessoa é grossa com a gente, isso não significa nada. As palavras ou ações dessa pessoa fazem (ou não) com que nos sintamos mal com nós mesmos de acordo com a nossa autoimagem. O que a opinião dela realmente tem a ver com o nosso valor? Nada. Mas isso é exatamente o que o ego faz – tudo passa a ter a ver com a gente. Quanto maior nossa autoestima, mais tempo leva para nos sentirmos ofendidos. Quando nos amamos, (a) não presumimos que as atitudes do outro significam que ele não nos respeita e, (b) mesmo que cheguemos a essa conclusão, não estamos emocionalmente instáveis porque não precisamos do amor nem do respeito dele para sabermos do nosso valor. Não sofremos, porque não temos medo da desconexão. Permanecemos ilesos e consequentemente livres para enxergar o que fundamenta as atitudes do outro – isto é, seus sentimentos de inadequação e insegurança.

Quando a autoestima se desgasta e o ego entra em cena, ficamos hiperalertas a qualquer coisa e qualquer pessoa que possa nos fazer mal. Ficamos atentos a qualquer situação que ponha em evidência o nosso valor, com medo de não sermos amados e dignos de amor. Mas não se trata apenas de vigilância. Quando o ego está no comando, isso significa que estamos ativamente focados no negativo. Inevitavelmente, achamos que todas as experiências negativas se devem a uma deficiência nossa. Tiramos conclusões que não atenuam nossas inseguranças e vulnerabilidades, mas que as alimentam. Saímos em busca de sinais de que não somos dignos de amor e respeito. Caso não encontremos esses sinais, podemos começar a *achar* que eles estão presentes em comentários positivos e casuais, para que essa interpretação se adéque à nossa narrativa.

Ligamos os pontos do comportamento de outra pessoa para confirmar nosso medo mais profundo: *não tenho valor*. Essa é a deixa para a raiva. A falta de autoestima provoca uma reação desproporcional, uma situação em que nos sentimos desrespeitados ou não amados. O mundo, filtrado pelo ego, é nossa única fonte de alimento psicológico. Quando achamos que não estamos recebendo o respeito que desejamos, a raiva e as distorções cognitivas entram em jogo para nos defender dos nossos sentimentos de vulnerabilidade.

Há uma relação inversamente proporcional entre a autoestima e o ego. Quando sofremos de baixa autoestima, o ego infla e nossa perspectiva se torna mais limitada; como em uma gangorra, quando um sobe, o outro desce. A saúde emocional de uma pessoa pode ser medida com precisão ao observarmos sua perspectiva e sua autoestima. No próximo capítulo vamos ver como é uma autoestima de verdade, e por que é tão comum que ela seja confundida com confiança e soberba.

16
A psicologia da autoestima

A autoestima é muitas vezes confundida com a confiança, mas as duas são bem diferentes, e distingui-las é importante. Confiança é quão competentes nos sentimos em relação a uma área ou situação específica, enquanto autoestima é a percepção de que somos amados e dignos de amor, e de que nos sentimos merecedores do bem em nossa vida. Uma pessoa emocionalmente saudável pode se sentir bem consigo mesma (ter autoestima), mas não ter certeza de que terá sucesso em determinadas situações (não ter confiança em seu conjunto de habilidades). Por exemplo, alguém com autoestima elevada pode ser um péssimo jogador de xadrez e ainda assim amar a si mesmo. Essa pessoa tende a exibir sinais de insegurança ao enfrentar um enxadrista habilidoso, mas sua autoestima permanece inabalada.

Alguém que esteja tentando fortalecer sua autoimagem ao dar grande ênfase a um traço específico pode parecer ter uma autoestima maior para olhos desatentos, mas na verdade sofre de autoestima muito baixa, porque construiu toda uma identidade em torno de um talento inato ou de uma habilidade aprendida. *Sou importante porque sou bonita* ou *Tenho valor porque sou inteligente*. Essa visão do que é valor é definida por uma mentalidade egocêntrica, que força a pessoa a se contrapor aos outros – constantemente se comparando, julgando e, inevitavelmente, condenando – para se sentir digna de amor e conexão.

Um ego inflado não deriva de níveis extremamente altos de autoestima, mas sim de uma autoaversão.[1] Não caia na armadilha de acreditar que uma pessoa com um ego inflado gosta de si mesma; ego e autoestima são inversamente proporcionais. Por mais feliz consigo mesma que uma pessoa pareça, se ela for egocêntrica, é porque padece de um sentimento de inferioridade.

CORRENDO COMO O DIABO

O ego é o falso eu, e existe apenas para contrabalançar sentimentos de culpa ou de inferioridade – aspectos de nós mesmos que somos incapazes de amar, de aceitar. A arrogância é uma manifestação do ego que estimula posturas, crenças e valores de modo a sustentar uma autoimagem hesitante. É o selo de confirmação da baixa autoestima.

Uma pessoa arrogante nunca se sente inteira, completa. No aspecto emocional, ela é como um dependente químico: está à mercê dos outros para alimentar seu ego frágil – é escrava dos próprios impulsos, que não consegue domar. É muito fácil confundirmos humildade com fraqueza, mas a humildade, no fundo, significa força e um alto grau de autoestima.[2] Quando uma pessoa tem humildade, é porque está plena.[3] A humildade nos permite exercer o autocontrole, e só aumentamos nossa autoestima – a chave para a saúde psicológica – quando somos capazes de fazer escolhas responsáveis, independentemente do que temos vontade de fazer ou daquilo que os outros pensam.

Por fora, pode parecer que uma pessoa arrogante tem tanta autoestima que é destemida, quando, na verdade, ela é movida por um medo maior, que simplesmente eclipsa o medo mais imediato. A pessoa ainda tem medo de X (por exemplo, fazer papel de boba, ser rejeitada, fracassar), mas o medo mais profundo de Y (ou seja, ser pobre, não ficar famosa ou qualquer outra coisa que a faça se sentir um fracasso completo) a força a agir apesar de seu medo momentâneo.[4]

Não caia na armadilha de acreditar que uma pessoa com um ego inflado gosta de si mesma; ego e autoestima são inversamente proporcionais. Por mais feliz consigo mesma que uma pessoa pareça, se ela for egocêntrica, é porque padece de um sentimento de inferioridade.

Esse tipo de personalidade apresenta uma postura de confiança, determinação e moralidade, mas seu comportamento superficial esconde a verdadeira fragilidade do seu ego – ou seja, a necessidade de ser reconhecida e respeitada. Se essa pessoa deseja acumular uma grande fortuna, por exemplo, ela pode facilmente passar por cima dos outros, desprezando totalmente a impressão que isso passa. No entanto, seu impulso baseado no ego é, em última instância, uma busca relacionada à vida em sociedade – busca essa que a deixará com um vazio eterno –, porque ela depende dos outros para que lhe digam quando alcançou o sucesso. Tão destemida por fora, mas tão frágil por dentro. Não importa quão bem-sucedida ela se torne, jamais se sentirá realizada.

O MITO DO NARCISISTA COM AMOR-PRÓPRIO

Um mito bastante difundido é o de que o narcisismo é o resultado de um excesso de autoestima. Embora o narcisismo seja frequentemente definido como um amor-próprio extremo, na verdade ele nasce do ódio extremo por si mesmo. O personagem Narciso deu origem ao termo *narcisismo*, que é definido como uma fixação por si mesmo e pela própria aparência física ou percepção pública. Na mitologia grega, Narciso era um caçador famoso por sua beleza. Seus parentes modernos, os narcisistas, se concentram nas externalidades e no falso "eu", que, como sabemos, nos fala não apenas sobre a mentalidade do indivíduo, mas também de sua saúde mental.

Uma análise dos marcadores linguísticos do narcisismo enfatiza a origem dessa patologia e ilustra bem esse traço. Uma das correlações mais fortes com o narcisismo é a propensão ao uso de palavrões.[5] Isso se deve a um foco excessivo na fisicalidade e na sexualidade – palavrões invariavelmente envolvem partes do corpo, funções corporais ou atos físicos. Mais uma vez, frequência, duração, intensidade e contexto devem ser levados em conta. Se essa vulgaridade é pouco frequente e tem relevância dentro do contexto, raramente sugere algo mais do que a expressão de frustração de modo grosseiro. Imaturidade? Sim. Patologia? Não.

A crença generalizada de que o narcisismo proporciona uma reserva de resiliência emocional diante da adversidade é completamente equivocada. Pesquisas constataram o oposto disso: narcisistas apresentaram uma resposta fisiológica mais intensa ao sofrimento emocional (ativação da reação de lutar, fugir ou paralisar) e sistemas de resposta ao estresse particularmente suscetíveis às frustrações cotidianas.[6] Os narcisistas têm uma produção mais elevada de dois biomarcadores de estresse – cortisol e alfa-amilase – em resposta às emoções negativas.[7] Resumindo:

eles têm um limite mais baixo. Mas, apesar de ficarem transtornados com mais facilidade, eles fazem um ótimo trabalho na hora de mascarar – e, em diferentes graus, reprimir – seus medos e suas inseguranças.

Os narcisistas não costumam usar expressões relacionadas à ansiedade e ao medo (por exemplo, *susto, perturbação, pavor*).[8] Também são menos hesitantes em termos verbais (e, portanto, menos propensos a usar palavras como *talvez, provavelmente, tomara, quem sabe, acho*).[9] Como sempre, quando compreendemos os fatores psicológicos, a lógica fica clara. A linguagem deles projeta força para compensar as fraquezas.[10] Uma pessoa com uma autoimagem vacilante tem um perfil linguístico que projeta confiança por meio de um vocabulário definitivo, visando esconder vulnerabilidades e inseguranças insuportáveis.[11] Como era de esperar, os sistemas de crenças de pessoas altamente ansiosas incluem generalização excessiva, rigidez, isolamento de crenças e fortes convicções sobre sua veracidade.[12]

QUANDO NÃO É POSSÍVEL A CONEXÃO, ENTRA O CONTROLE

Vou repetir: quanto maior a ameaça ao nosso eu emocional (ou físico), mais medo sentimos. O ego nos diz que estamos expostos e em perigo. À medida que o ego infla, mais passamos a nos identificar com ele e a acreditar que ele é o verdadeiro "eu", que precisa ser protegido a qualquer custo. O medo da desconexão então se transforma em uma ameaça existencial. Nossa vida está em risco.

O controle chega para ocupar o espaço da conexão. Quanto maior nossa carência de autoestima, mais o ego emprega o controle. Isso tem dois objetivos: evitar a vulnerabilidade, necessária à conexão (fazendo dela, assim, uma estratégia impossível), e forçar a conexão por meio do controle (o que é igualmente inviável).[13] É assim que a autoestima e o autocontrole se interligam. O autocontrole proporciona uma capacidade de conexão real – via autoestima e redução do ego – e um senso genuíno de autonomia, que é necessário à conexão. Se não houver um "eu" livre e independente, então não pode haver conexão com ninguém.

À medida que nossa autoestima diminui, nossa capacidade de dar e receber se torna limitada, e o ego entra em campo e ativa o "modo usurpador". Quanto menos autocontrole temos, mais desesperadamente manipulamos os eventos e as pessoas ao nosso redor, especialmente as mais próximas – seja abertamente ou de forma passivo-agressiva. A baixa autoestima pode, assim, desencadear um poderoso desejo inconsciente de assumir a autoridade, ultrapassar limites e tratar mal aqueles que se importam com a gente. Quando não gostamos de quem somos, é impossível não sentirmos raiva de nós mesmos. Então descontamos no mundo ao nosso redor e naqueles que mais se importam conosco.

JOGOS, MÁSCARAS E ESCONDERIJOS

Se não podemos nos mostrar vulneráveis, tentamos controlar a narrativa. A história de quem somos e de por que existimos é contada através do arco da nossa vida e das nossas interações, e precisamos calcular e interpretar os acontecimentos de modo a compensar falhas e defeitos, sejam eles percebidos ou legítimos.[14] A máscara que se veste é mais um autorretrato do que um disfarce. O renomado psicólogo Alfred Adler – que cunhou o termo *complexo de inferioridade* – explica que a tentativa da psique de compensar nossas inseguranças muitas vezes molda nossa vida por completo. Podemos nem perceber os comportamentos e atitudes – ou seja, valores e crenças – que adotamos para evitar a autorreflexão, compensar o ódio que temos de nós mesmos e projetar uma imagem que não entregue nenhum desses sentimentos. Escondemos nosso verdadeiro eu para nos sentirmos seguros. Ser autênticos – fiéis a quem somos – nos torna vulneráveis e nos expõe ao risco da rejeição.[15] O medo dessa dor leva o verdadeiro "eu" a se esconder ainda mais, até existirmos exclusivamente para proteger nossa imagem. Isso inclui todos os jogos que jogamos e as máscaras que usamos para apresentar ao resto do mundo a persona que acreditamos ser a "certa", aquela que nos fará dignos de ser amados. O objetivo do ego é evitar a todo custo a dor da rejeição, a dor de nos sentirmos diminuídos.

Embora os sentimentos de baixa autoestima (e a vulnerabilidade que os acompanha) nos obriguem a nos esconder, nem todos nos escondemos no mesmo lugar. Tipos submissos se tornam pouco visíveis e se anulam – torcendo e retorcendo quem são em uma tentativa desesperada e fútil de fazer e manter conexões. Eles se transformam em quem precisam ser para evitar o confronto e a rejeição. (*Se eu fizer o que você quer, então você tem que me amar.*) A identidade deles está acorrentada à necessidade de aceitação e eles se transformam em pessoas que precisam agradar os outros acima de tudo. Eles se fundem à paisagem e se tornam emocionalmente ausentes para não gerar conflitos e evitar o risco de desconexão. Dançam conforme a música. Esse tipo de personalidade é mais propenso a sofrer de um transtorno afetivo.

O tipo dominante se encaminha para o centro das atenções e se esconde à vista de todo mundo.[16] Ele corre atrás de dinheiro, poder, fama – ilusões de valor – de modo a se tornar mais digno e merecedor de conexão, mas se contenta em ser temido e admirado, de preferência a distância. Ele se torna assertivo e agressivo, buscando controlar para não ser controlado, testando os limites dos outros para ditar as regras nos relacionamentos, para forçar a conexão. Mais uma vez, tudo isso visa substituir o amor e a aceitação.[17] Esse tipo de personalidade é propenso a sofrer de um transtorno de personalidade.

Nos extremos, qualquer um desses dois tipos pode optar pelo isolamento, tornando-se fisicamente ausentes para manter a ilusão de controle e evitar por completo a ameaça de rejeição. Eles se desconectam de antemão para evitar o medo da desconexão. Se não dependerem de ninguém, então jamais estarão vulneráveis e expostos as mágoas. Vivem vidas de isolamento e desesperança. Qualquer tipo de conformidade ou pressão, seja em relação a tempo, compromissos ou, em alguns casos, atividades sociais, é desprezado.

O que os transtornos de personalidade têm em comum é muito maior do que aquilo que os separa. Embora a personalidade de um indivíduo dite como ele lida com sentimentos de vulnerabilidade e insegurança, o núcleo do egocentrismo é o mesmo. Assim como gelo, água e vapor são estados diferentes de moléculas idênticas, diferentes patologias são manifestações de uma mesma pauta. Não importa quão desajustado seja, qualquer um que sofre de transtorno de personalidade anseia por conexão. Impulsionado por um sentimento subjacente de inferioridade e, portanto, acreditando ser indigno de relacionamentos, o ego lança mão do controle na tentativa de estabelecer conexões.[18]

Aqueles que sofrem de transtorno da personalidade narcisista procuram dinheiro, poder e status para se sentirem valiosos e dignos de conexão. O transtorno da personalidade borderline se manifesta como uma necessidade constante de reafirmação. Com um medo profundo do abandono, eles se tornam grudentos, imersos na vida alheia em um grau doentio, simplesmente para sustentar a conexão. Também podem se desconectar rapidamente por meio da raiva – para provocar ou evitar a dor – caso sintam que a outra pessoa está se afastando. Personalidades histriônicas adotam táticas semelhantes às de suas contrapartes narcisistas, evocando atenção, empatia, pena ou mesmo raiva e nojo. Se eles têm sua atenção, têm a conexão que desejam.

Todos nós temos um ego, portanto todos somos desordenados até certo ponto. No entanto, à medida que o ego fica mais exigente, também aumenta a probabilidade de se desenvolver um transtorno de personalidade. Como vimos, é fácil identificar os distúrbios se você souber em que prestar atenção, exceto no caso mais perigoso deles: a sociopatia.

17

Desmascarando os transtornos de personalidade

Os termos *sociopata* e *psicopata* são frequentemente usados de forma intercambiável, em parte devido à falta de consenso na comunidade psiquiátrica sobre suas origens e seus sinais e sintomas. O que está claro é que o sistema nervoso autônomo do psicopata (que abriga o sistema nervoso simpático e a reação de lutar, fugir ou paralisar) tem conexões diferentes. O sociopata, por outro lado, é considerado um produto do condicionamento, ainda que sua condição tenha um componente genético. Os sociopatas não nasceram assim; eles se tornaram quem são. Ambos são clinicamente classificados como transtornos de personalidade antissocial e, por várias razões, usaremos o termo *sociopata* para fazer referência aos dois.[1]

Os sociopatas não são psicóticos. Eles sabem distinguir o certo do errado, apenas não se importam com isso.[2] O que é certo é sempre o que é melhor para eles, e acreditam que suas ações são inteiramente justificadas. Os sociopatas, portanto, não sentem nenhum remorso, não importa quem seja magoado ou prejudicado. Eles enxergam a realidade através das lentes de seu onipotente ego. Pessoas são objetos. Coisas. Não existe nada além deles próprios. Tudo mais é irrelevante. Os sociopatas não têm ansiedade porque vivem sem medo da desconexão. Eles buscam a dominação e o controle não como um meio de obter conexão, mas como um fim em si mesmo.

Para muitas pessoas, o primeiro passo para identificar um sociopata é o mais difícil: aceitar que existem pessoas sem consciência. É perturbador acreditar que essas pessoas andam entre nós, mas ignorar esse fato é perigoso.

LANÇANDO LUZ SOBRE SINAIS OCULTOS

Nem todos os sociopatas são disciplinados; alguns não têm controle dos impulsos e apresentam uma série de comportamentos e hábitos viciantes e autodestrutivos. Aqueles capazes de adiar a gratificação e pensar a longo prazo são os mais perigosos, porque são meticulosos e refinados. O sociopata sofisticado muitas vezes causa uma primeira impressão excepcionalmente boa e parece afetuoso, empático e até mesmo altruísta. Em *The Mask of Sanity* (A máscara da sanidade), Hervey Cleckley escreve que, por fora, um sociopata não apresenta nada que seja "frágil ou estranho" e que "tudo nele provavelmente sugere qualidades humanas desejáveis e superiores, uma saúde mental robusta".[3] As características que permitem diagnosticar um sociopata, como o charme superficial, a ausência de remorso ou vergonha, a mentira patológica, o comportamento manipulador e a promiscuidade, são bem conhecidas. Porém ficam bem escondidas – só se revelando quando é tarde demais.

A personalidade do sociopata é cuidadosamente arquitetada para atrair e conquistar, a fim de criar laços que permitam a manipulação. Por serem incapazes de estabelecer uma conexão genuína, eles se tornam mestres no desenvolvimento de habilidades interpessoais – usar qualquer máscara de que precisem e jogar qualquer jogo que seja necessário no momento – para encantar e deleitar seu público, seja ele uma ou inúmeras pessoas.

A performance exagerada

Essas pessoas não sentem culpa nem vergonha. Embora não gostem das consequências de serem pegas, de perder o controle ou serem expostas, elas tendem a acreditar em tudo que dizem ou a se sentir perfeitamente autorizadas a dizê-lo, *mesmo que seja uma mentira*. Portanto, não dá para captar reações fisiológicas de falsidade em um sociopata, nem mesmo com um detector de mentiras. Nelas, a reação de lutar, fugir ou paralisar está desligada.[4] Elas não apresentarão aumento na pressão arterial, no batimento cardíaco nem resposta galvânica da pele (como palmas das mãos suadas), já que não se sentem nervosas. Mas há áreas em que o sociopata tropeça de vez em quando.

Sociopatas muitas vezes fazem um trabalho absurdamente terrível ao gerenciar a impressão que passam, porque não têm um senso real de si mesmos. Eles já usam mesmo uma máscara todos os dias, então é como se estivessem usando uma máscara sobre outra. Quando mentem, por exemplo, acabam soando como uma caricatura de uma pessoa honesta em vez de uma pessoa genuinamente honesta. Lembre que você não deveria ter que convencer ninguém da verdade. Um sociopata vai soar como um disco riscado e usará frases exageradas *ad nauseam*, bem como expressões banais e clichês ultrapassados como fundamento de seu argumento ou de sua narrativa (veja mais no Capítulo 7).

Como a pessoa está acostumada a dar um espetáculo, a apresentar uma imagem, ela acaba por interpretar o papel de uma pessoa sincera ao pé da letra. Mas, como seria de esperar, peca pelo excesso. Vejamos o contato visual, por exemplo. Com frequência elas fazem contato visual excessivo, a ponto de ser desconfortável, porque querem mostrar que são sinceras, e todo mundo sabe que quem mente desvia o olhar. Portanto, o olhar delas geralmente demora muito além do razoável – até o ponto em que você sente vontade de se contorcer. O olhar dessa pessoa costuma ser intensamente penetrante, durando muito mais do que o de uma pessoa emocionalmente saudável que se expressa com honestidade.

Outra pista é a demonstração de uma falsa vulnerabilidade. Os sociopatas podem exibir sua "enorme humildade" se passando por tranquilos e despretensiosos. O observador inexperiente pode acreditar que esse é o sociopata despido. Mas é só mais uma máscara.[5] A humildade genuína é uma ferramenta poderosa de conexão, e eis o porquê: uma pessoa entra na sala, cabeça erguida, um leve sorriso, postura ereta, emanando confiança. Isso é atraente? Não muito. Seja em uma interação fugaz ou em um relacionamento de longo prazo, quem está tomado por si mesmo não estabelece conexão com mais ninguém. É por isso que somos repelidos por pessoas arrogantes e atraídos pelas humildes. O fundamento consagrado pelo tempo dos consultores de carisma é tentar parecer o mais confiante possível – tentar provocar fascínio. Mas essa crença é equivocada. Confiança sem humildade é arrogância – algo extremamente *repulsivo*. Ninguém gosta de pessoas cheias de si, e o sociopata sabe muito bem disso. Os seres humanos são naturalmente atraídos pela humildade, a marca da autoestima legítima.

grande autoestima → menor ego → humildade → conexão
baixa autoestima → ego inflado → arrogância → desconexão

Lançar luz sobre a própria fragilidade é um sinal de autenticidade e confiança, duas características que proporcionam conexão depressa. Mais uma vez, a dica é que o sociopata exagera. Ele não é capaz de calibrar seu gerenciamento de impressão. É como um ator que se esforça para descobrir como representar um personagem encantador e interessado. Pode parecer despojado, deixar de lado algumas inseguranças escolhidas ou demonstrar interesse, deferência e reverência exagerados por você. Por mais sedutor que isso possa ser para o nosso ego, a bajulação subverte facilmente nosso julgamento, como dito no Capítulo 9.[6]

O sociopata refinado presenteia os outros com seu amor por todas as coisas humanas – causas justas e cruzadas morais.[7] Seu caráter impecável está aí para todo mundo ver. Seu defeito crucial, mais uma vez, é que ele promete de mais e entrega de menos. E, quando acha que não tem ninguém vendo, não entrega nada. Se você prestar bastante atenção, vai notar uma forte incongruência entre o que ele diz e o que ele faz.

Essas pistas podem ser úteis, mas raramente são definitivas. Seria equivocado dizer que pessoas emocionalmente saudáveis e honestas nunca farão contato visual extremo nem tentarão ao máximo convencê-lo de algo em que acreditam de coração; e, sem dúvida, é fácil confundir os sinais de humildade com sua versão "pirata".

UMA ESPIADA POR TRÁS DA MÁSCARA

Sociopatas evitam situações ou assuntos que possam desencadear sentimentos incontroláveis – principalmente o medo. Numa conversa, temas como dificuldades na infância ou amores não correspondidos estarão ausentes. Se o interlocutor inesperadamente atingir um nervo emocional do sociopata, ele pode expressar emoções incongruentes (por exemplo, rir descontroladamente ao falar que não tinha casa nem comida quando era criança), um mecanismo desesperado de defesa do ego. Há um contraste entre aqueles que talvez usem o humor como mecanismo de defesa e aqueles que, com perspectiva, farão um comentário sarcástico. Como disse Mark Twain: "Comédia é igual a tragédia mais tempo." Devido à necessidade dele de se sentir onipotente (o que entra em choque com a natureza inerente da dependência), um sociopata raramente vai falar sobre suas necessidades emocionais ou sociais. No entanto, ele pode falar sem restrições sobre a gana por dinheiro, poder e controle, bem como sobre necessidades biológicas, como comida e roupas.

Quando está em sua zona de conforto e no controle da situação, o sociopata usa uma fachada inescrutável e impenetrável. Suas ações e interações não revelam nada de seu verdadeiro eu. Mas basta desequilibrá-lo para, em vez de uma resposta comedida, você talvez obter uma reação genuína – um vislumbre do que está por trás da máscara. Aí podemos ver, então, como eles navegam nas águas da vulnerabilidade em situações em que perderam o controle.

Contra a parede

O sociopata – ou um indivíduo com outro transtorno de personalidade com características sociopatas – sabe como mexer os pauzinhos psicológicos para obter o controle em um relacionamento. Uma vez que tenha alcançado determinado grau de cumplicidade, ele procura minar a estabilidade emocional do seu alvo. É por isso que sociopatas adoram ser imprevisíveis. (A maioria dos transtornos de personalidade tem esse traço em comum.) Às vezes o comportamento deles – como apresentar oscilações de humor – se deve ao transtorno específico; outras vezes, é puramente estratégico.⁸ Quanto mais desequilibrado você estiver, mais eles assumem o controle. A intenção é minar sua segurança e sua proteção, tanto interior quanto do relacionamento com eles. Querem que você se sinta inseguro e hesitante. Sabem que quanto menos seguro você estiver, mais disposto estará a tolerá-los (de modo geral) ou a atender às solicitações imediatas deles. Isso ocorre porque nossa necessidade de conexão se mantém; quanto maior nosso medo de perder essa conexão, mais poder eles têm sobre nós. A chave para você se sentir aceito, seguro e protegido está no bolso deles.

> Quando está em sua zona de conforto e no controle da situação, o sociopata usa uma fachada inescrutável e impenetrável. Suas ações e interações não revelam nada de seu verdadeiro eu. Mas basta desequilibrá-lo para, em vez de uma resposta comedida, você talvez obter uma reação genuína – um vislumbre do que está por trás da máscara.

A postura deles pode se tornar agressiva. Ou eles podem ficar em um silêncio absoluto e incômodo. Eles provocam dor. Você começa a temer pela desconexão conforme eles atacam suas inseguranças com um silêncio sepulcral. Embora pareça paradoxal, ceder nos dá uma sensação de controle. Quando nos permitimos ser controlados, a situação e o comportamento da outra pessoa seguem uma trajetória familiar, o que garante um desfecho previsível. A dúvida *O que será que vai acontecer?* é angustiante. O ego precisa seguir o caminho de menor resistência para evitar um desastre maior: o desconhecido.

Guerra total

Os traços mais nocivos dos sociopatas emergem rapidamente quando eles sentem que estão perdendo o controle sobre você. Quando descobrem que você não é "obediente", eles entram, previsivelmente, no modo "ataque total". Adeus ao verniz de civilidade. Eles vão fazer todo tipo de acusação contra você para quem quiser ouvir – amigos, vizinhos, colegas de trabalho. Vão usar o dom da palavra para tecer histórias fantasiosas sobre você e seus defeitos. Vão mentir. Vão inventar histórias para destruir sua reputação. Vão conquistar a opinião pública, colocar as pessoas contra você e terceirizar seus ataques.

Sociopatas anseiam por resolver as coisas judicialmente porque, para eles, o nome do jogo é poder. Quanto mais eles o mantêm acuado, mais no controle se sentem. No tribunal, apresentam petições sem fim e fazem alegações infundadas para minar sua força. O conflito é fonte de *energia* para eles. Mediação ou arbitragem é sempre uma perda de tempo, porque nem de longe eles querem ser razoáveis. Não vão ceder. Qualquer sinal de que estão dispostos a isso é provavelmente uma estratégia para ganhar tempo – e para esgotar você em termos emocionais, físicos e financeiros.

Independentemente da personalidade ou do transtorno que a acompanha, nosso bem-estar emocional está intrinsecamente ligado à qualidade dos relacionamentos que temos. Pesquisas confirmam o que sabemos ser verdade: a capacidade de construir e manter bons relacionamentos é fundamental para nossa saúde mental.[9] No domínio dos relacionamentos, uma pessoa – até mesmo um sociopata – não tem como deixar de se entregar. Melhor ainda, você está prestes a ver que há muitas coisas a que ficar atento antes que seja tarde demais.

18

Reflexos dos relacionamentos

As pessoas emocionalmente saudáveis que conhecemos normalmente desfrutam de relacionamentos positivos. Por outro lado, aquelas que parecem não se dar bem com ninguém provavelmente têm uma série de questões emocionais. Boa parte da infelicidade na vida decorre de relacionamentos à beira do fracasso ou fracassados, e nossa saúde emocional reflete, para o bem ou para o mal, a qualidade dos nossos relacionamentos.

William Glasser, renomado psiquiatra e fundador da terapia da realidade, escreve: "Da perspectiva de 40 anos de prática psiquiátrica, ficou evidente para mim que todas as pessoas infelizes têm o mesmo problema: são incapazes de se dar bem com as pessoas com quem querem se dar bem."[1]

Deixar que os outros entrem em nosso espaço emocional e entrar no deles demanda um abrandamento do "eu". Quando o muro do "eu sou eu e ele é ele" é derrubado, surge uma conexão, um vínculo. Para fazer parte da vida de alguém, precisamos abrir espaço para essa pessoa. Se alguém é muito egocêntrico, não há espaço para mais ninguém. A capacidade de dar e receber amor fica prejudicada e até totalmente comprometida.[2]

Pessoas em sofrimento emocional se tornam mais fechadas

em si mesmas. Isso é semelhante à dor física, quando uma pessoa com dor de dente, por exemplo, acha difícil se concentrar nas demandas alheias. Os traços típicos da mentalidade egocêntrica são a arrogância e a soberba, mas mesmo uma personalidade submissa aparentemente desprovida de ego também pode ser egocêntrica e egoísta. A pessoa é consumida por sua dor, se enche de autocomiseração e fica incapaz de sentir as dores do outro enquanto se afoga nas próprias.[3] Essa pessoa não experimenta nenhuma conexão real com ninguém além de si mesma, apesar de sua natureza aparentemente nobre. Ela não vai – não tem como – abraçar nenhum fardo a menos que receba um pagamento maior na forma de aceitação ou aprovação. Ela suga, mas isso é disfarçado de doação. Seu medo está fantasiado de amor. (Ela também pode ser motivada pela necessidade de aliviar sentimentos de culpa ou inadequação, mas, ainda assim, seu objetivo é reduzir o próprio sofrimento, não o do outro.)

Quanto mais autoestima temos, mais completos somos. Receber, afinal, é uma consequência natural e recíproca de dar. Dar e receber é a união perfeita. De fato, pesquisas mostraram que determinadas áreas do cérebro apresentam níveis elevados de atividade quando uma pessoa dá. Dar estimula o cérebro, literalmente.[4] No entanto, quando apenas tomamos, nos sentimos vazios e somos forçados a tomar uma vez após outra, em uma tentativa fútil de nos sentirmos completos. Isso apenas reforça nossa dependência e não para de exaurir a nós e aos outros.

Toda emoção positiva deriva da entrega e flui de nós para os outros, enquanto toda emoção negativa gira em torno de esperar algo do outro. Não confunda desejo com amor. Quando cobiçamos alguém ou algo, pensamos no que a pessoa (ou a coisa) pode fazer por nós. Quando amamos, no entanto, nossos pensamentos mergulham no que podemos oferecer. Doar-se faz com que nos sintamos bem, então fazemos isso com alegria.

Quando desejamos, no entanto, queremos apenas receber. Quando alguém que amamos está sofrendo, sofremos também. Quando alguém que desejamos está sofrendo, pensamos apenas no que essa perda ou inconveniência significa para nós.

DESCARTANDO FALSOS POSITIVOS

Depois de dar mais contornos ao quadro psicológico, você vai achar mais fácil detectar a baixa autoestima em uma pessoa pela forma como ela fala e se comporta. Ainda assim, a margem para erros é enorme. Por exemplo, uma pessoa que se doa para ser apreciada pode, muitas vezes, ser confundida à primeira vista com alguém que faz isso porque é a coisa certa a fazer ou porque quer fazê-lo. A mesma ação pode resultar em duas impressões emocionais distintas, com base na intenção dela. É a diferença entre fazer uma doação e ser assaltado. Em ambos os casos, o dinheiro está indo de uma pessoa para outra, mas em um deles há um fortalecimento, enquanto em outro há um enfraquecimento. Ou seja, uma atitude aumenta a autoestima, enquanto a outra é emocionalmente desgastante. Se você dá por medo ou culpa, sua autoestima não enriquece; na verdade, ela é apenas subtraída. Você não está dando, de fato; o outro está tomando. Você está sendo passado para trás, com o seu consentimento.

Imagine que você repare que uma determinada pessoa concorda regularmente com os desejos dos outros. É porque ela realmente deseja ser útil, porque tem medo de dizer não ou porque não se sente digna de afirmar seus sentimentos? Ao observarmos apenas o comportamento gentil dela, não temos como distinguir uma pessoa que é humilde e goza de autoestima elevada da que se deixa ser tratada como um capacho.[5] De forma análoga, não temos como afirmar se uma pessoa que cede tem baixa autoestima e precisa evitar o confronto ou se está atenta ao que é importante e sabe tirar o ego do caminho. Ao mesmo tempo, manter-se firme pode ser sinal de obstinação e afronta, indicadores de extrema arrogância – *Eu não erro nunca; quem erra são os outros* –, o que, por sua vez, decorre da baixa autoestima. Talvez, no entanto, não ceder sugira que alguém está escolhendo impor limites adequados, sem se permitir ser manipulado por uma pessoa que tenta brincar com suas emoções.

De que modo, então, o traço da humildade – a semente da autoestima – se traduz em sinais observáveis, especialmente quando as atitudes de alguém podem ser quase que indistinguíveis do seu oposto?

A IMPRESSÃO DOS RELACIONAMENTOS

A imagem abaixo ilustra o conceito de espaço negativo. Focando na imagem branca, vemos uma taça; focando na imagem preta, vemos duas pessoas de perfil, uma de frente para a outra. Cada espaço, positivo e negativo, define o outro.

A autoestima pode ser nitidamente observada como um reflexo dos relacionamentos de uma pessoa e se manifesta em três domínios principais: história e padrões, interações e trocas, e fronteiras e limites.

História e padrões

"Inteligência é a capacidade de aprender com os próprios erros", diz o ditado. "Sabedoria é a capacidade de aprender com os erros dos outros." Observe a qualidade dos relacionamentos de um indivíduo e a forma como ele fala sobre as pessoas que fazem parte de sua vida – tanto do passado quanto do presente. Ele tem muitos amigos próximos que estão em sua vida há muitos anos ou umas poucas amizades de curto prazo ou fugazes? Como ele fala sobre a família? Os irmãos? Os pais? Ele assume a responsabilidade pelos relacionamentos que azedaram ou todos parecem ter evaporado em amarga decepção e ressentimento? Atenção: é preciso deixar as evidências falarem por si mesmas em vez de confiar na descrição que a própria pessoa faz de seus relacionamentos. Alguns indivíduos são os "melhores amigos" que existem, amam todo mundo e presumem equivocadamente que todo mundo os ama em retribuição. Essas pessoas têm uma percepção exagerada e falha de como são vistas pelos outros.

No campo profissional, a melhor maneira de entrevistar um candidato é questioná-lo abertamente sobre seu último emprego e seus últimos chefes e colegas de trabalho: "Me conta como eram as coisas na XYZ" ou "Descreva sua relação profissional com seus ex-colegas de trabalho". Em seguida, observe como ele fala de seu emprego anterior, prestando muita atenção na linguagem (por exemplo, "Ninguém lá me entendia", "Eles nunca levavam minhas ideias a sério", "Meu chefe estava me perseguindo", "Havia um choque de personalidade com o meu supervisor"). O que você busca é alguém que assuma um grau de responsabilidade por seu sucesso pessoal e por seus relacionamentos interpessoais. Isso não significa que uma pessoa não tem o direito de ter sentimentos contraditórios e alguns incômodos, mas, se ela não tem a inteligência emocional para perceber que está soando ressentida, hostil ou rancorosa, isso é um sinal de alerta por si só. Portanto, tome cuidado com declarações exageradas ou generalizadas que indiquem uma frustração desmedida (por exemplo, "Lá é cada um por si", "Você não vai acreditar nas maluquices que acontecem lá", "Ninguém gostava do nosso gerente"). Essa perspectiva é motivo de preocupação, e a falta de discrição, mais ainda.

Interações e trocas

Uma pessoa sem autoestima pode se entregar a hábitos indulgentes para satisfazer seus próprios desejos, mas não tratar os outros particularmente bem. Ou pode atender além da conta as necessidades alheias porque anseia por aprovação e respeito, mas não cuida das próprias necessidades. Somente uma pessoa que tem de fato respeito próprio trata bem a si mesma *e* aos outros. E, quando digo *bem*, não me refiro a gratificações de curto prazo. Em vez disso, ela investe em seu bem-estar a longo prazo e é gentil e boa com os outros – não para que gostem dela, mas porque é a coisa certa.

Aqui, estamos particularmente interessados na forma como alguém trata aqueles com quem "não precisa ser legal" e que "não precisa impressionar", como o garçom, a recepcionista ou o porteiro. Você também deve observar como são tratados aqueles que provavelmente não vão se afastar, não importa quão nocivo seja seu comportamento, como um funcionário ou um parente que dependa dele.

> No campo profissional, a melhor maneira de entrevistar um candidato é questioná-lo abertamente sobre seu último emprego e seus últimos chefes e colegas de trabalho. O que você busca é alguém que assuma um grau de responsabilidade por seu sucesso pessoal e por seus relacionamentos interpessoais.

Esteja alerta para a pessoa de duas caras, com uma personalidade inconsistente. Ela pode ser boa com a gente, mas não tão educada com os outros. Claro, se ela nos trata mal, mas trata os outros bem, já sabemos que temos um problema. No entanto, a primeira hipótese também é sinal de preocupação, porque indica que ela modula a conduta em relação a nós em benefício próprio; o comportamento dela com a gente não reflete seu verdadeiro eu.

Uma pessoa que se respeita é capaz de respeitar os outros e, portanto, age com integridade. Ela assume compromissos e os cumpre – seja comparecer a uma reunião ou ajudar um amigo em necessidade? Ou sempre aparece alguma coisa que interfere em sua capacidade de ser responsável? Ela é uma pessoa de palavra, em quem se pode confiar? Quando pega alguma coisa emprestada, ela devolve em boas condições, no prazo combinado? Ou você tem que correr atrás dela o tempo todo para pagar uma dívida? Ela preza a verdade, mesmo quando isso pode causar prejuízos a si mesma? Ou conta mentiras que promovem seus interesses particulares e se aproveita dos outros?[6]

Fronteiras e limites

Uma autoimagem precária muitas vezes se traduz em fronteiras vagas – porque, se uma pessoa não tem uma definição clara de si mesma, é incapaz de perceber o que é adequado na relação com o outro. Isso pode se manifestar como uma pessoa cronicamente carente, que pede ajuda para sair de todas as crises que ela mesma cria, ou como uma personalidade controladora, que abre caminho passando por cima dos outros.

Limites saudáveis não são criados para manter as pessoas afastadas, mas sim para demarcar nosso espaço e nosso senso de responsabilidade pessoal. A pessoa tem um senso claro do que é um comportamento adequado ao relacionamento? Pede coisas absurdas a pessoas a quem acabou de conhecer ou que mal conhece? Acredita em reciprocidade ou não dá nada em troca?

Devemos nos perguntar se ela respeita ou viola as regras e os direitos dos outros. Por exemplo, dizemos "Estou de dieta; por favor, não traga bolo", mas ela leva mesmo assim, porque não pode aparecer de mãos vazias. Ela diz que pode consertar nosso computador e, embora digamos que não precisa, ela o pega mesmo assim, porque quer nos surpreender. São apenas deslizes? Talvez sim, talvez não. A presença ou não de um padrão é que vai responder. Como aprendemos com nosso cadete propenso a acidentes no Capítulo 4, quando um indivíduo interage sempre de forma incoerente com seu status em uma determinada dinâmica, isso faz soar o alerta.

Dependendo da natureza do relacionamento, o violador de limites ativa a pressão psicológica e atiça nossas inseguranças latentes. Quanto mais você questionar a si mesmo, menos vai questioná-lo. Essa é uma das táticas preferidas dele.

As pessoas têm uma necessidade intrínseca de agir de modo coerente com a forma como se veem e como acreditam que os outros as veem. A pessoa que procura coagir os outros pode aplicar essa estratégia psicológica incorporando temas como amizade, família, parceria, compromisso com o trabalho, senso de decência – todas qualidades com as quais a maioria das pessoas aspira a se identificar. Uma pergunta como "Não é incrível como algumas pessoas não entendem o sentido de *família* ou *lealdade*?" é muito poderosa. No caso de algumas pessoas (às vezes até de nós mesmos), podemos ser particularmente vulneráveis se (a) precisamos pensar em nós mesmos como bons e nobres, e mais suscetíveis às opiniões dos outros e (b) temos uma necessidade maior de coerência interna. Para aplacar a incerteza, preferimos ver os outros, o mundo e obviamente a nós mesmos como previsíveis e estáveis.

O ás que o manipulador tem na manga é fazer você se sentir envergonhado por não sair em socorro dele. Ele lembra quão *ruim* você é de fato. Ele será convincente (porque parte de você acredita que ele tem razão). A ameaça de desconexão gera medo e ele tenta sempre contornar suas defesas lógicas. Você fica desesperado para apagar as chamas da vergonha, algo que só pode ser feito se "ficar de bem com ele". Pela mesma razão que algumas pessoas (talvez você) têm dificuldade em *dizer* "não" – por medo da rejeição –, essa pessoa não consegue *ouvir* um "não", porque é internalizado como rejeição, o que reforça o medo profundo que ela tem de não ser merecedora.

Embora um padrão persistente desses comportamentos aponte para um transtorno de personalidade, devemos lembrar mais uma vez que, às vezes, até os mais saudáveis podem recorrer a essas táticas. A pessoa pode estar em sofrimento legítimo. A manipulação nem sempre é consciente. No entanto, mesmo quando a manipulação é consciente, ainda pode haver uma boa razão para ceder. Eis aqui um exemplo: imagine que sua tia idosa queira que você lhe faça uma visita para conversar sobre o envelhecimento dela e que não sabe mais por quanto tempo ainda estará por perto. É o tipo de espiral de culpa pautada no amor que só mesmo a família consegue criar em nós. Mas o fato de você conseguir enxergar com clareza a tentativa de persuasão da sua tia não significa que você deva abandonar sua consciência ou suas responsabilidades.

Outras violações de limites incluem:

- Fazer comentários inadequados ou perguntas constrangedoras ou extremamente pessoais a alguém que mal se conhece, sem pelo menos um preâmbulo casual e superficial ou um arrependimento sincero depois.
- Ficar alheio aos sinais sociais e violar o espaço íntimo dos outros. A pessoa é incapaz de ler as reações dos outros ao comportamento dela (por exemplo, se ela é barulhenta demais e os outros dão sinais visíveis de incômodo, mas ela não percebe; se ela se aproxima demais quando está falando).
- Ser sexualmente sedutor ou flertar excessivamente, ou agir com familiaridade com alguém que acabou de conhecer ou que mal conhece (por exemplo, tratar como um velho amigo um médico que vê pela primeira vez pelo primeiro nome e dar tapinhas nas costas dele; abraçar pessoas que não o conhecem).
- Não saber ouvir *não*, ser insistente ou impor sua opinião aos outros (por exemplo, oferecer-se para fazer algo e ignorar a palavra *não*, mesmo se for dita várias vezes; ignorar a indicação clara de alguém de que está desconfortável em fazer determinada coisa; impor a própria opinião e ignorar a de outra pessoa; não demonstrar nenhuma consideração pelos desejos dos outros).
- Negligenciar normas sociais e fronteiras universais. Essa pessoa respeita a lei e a ordem, a estrutura e a civilidade, ou ignora as normas sociais e acha que leis e regras não se aplicam a ela?

Tome o cuidado de filtrar os falsos positivos. Pessoas emocionalmente saudáveis são capazes de pedir ajuda quando precisam, sem deixar que um sentimento de orgulho ou constrangimento – dispositivos do ego – atrapalhe. Uma pessoa que lhe diz para não chamar um médico ou uma ambulância quando sente dores no peito porque "não quer incomodar os outros" não está operando num nível ideal de saúde mental. Esse é o tipo de pessoa capaz de dizer sim às infinitas demandas alheias, mas que não consegue pedir ao outro nem mesmo o menor dos favores.

Um indivíduo com limites adequados pode e quer se oferecer para ajudar os outros quando a ajuda for razoável. E, ao mesmo tempo, consegue pedir ajuda de maneira responsável, direta e não manipuladora.

Quanto mais saudáveis nossos relacionamentos, mais saudáveis ficamos e mais somos capazes de agir com responsabilidade rumo aos nossos objetivos de vida, sem a necessidade de uma aprovação ditada pelo ego e sem nos rendermos às soluções inebriantes da gratificação imediata. Da mesma forma, quanto mais felizes estamos com a direção e o ritmo de nossa vida, menos frustrados ficamos com nós mesmos e mais tolerantes e pacientes nos tornamos com os outros. Quanto mais mergulhamos em nós mesmos, mais exigimos que o mundo se ajuste a nós, o que prepara o terreno para interações e relacionamentos nocivos. Mas, como observei ao longo deste livro, a personalidade dita a patologia. Nem todo mundo faz do *próprio* problema o problema dos *outros*. No capítulo a seguir vamos aprender a ajustar nossa leitura daqueles que podem estar sofrendo em silêncio por dentro.

19
Os altos e baixos (e médios) do sofrimento

Uma perspectiva limitada significa um mundo que encolhe e um "eu" em expansão. O uso frequente de pronomes pessoais (por exemplo, *eu*, *mim*) marca a experiência egocêntrica, porque o sofrimento emocional desvia a atenção de uma pessoa para dentro de si. Como é de esperar, aqueles que sofrem de ansiedade ou depressão usam pronomes pessoais em maior proporção.[1] Também falam com maior imediatismo verbal, usando verbos no presente, o que indica falta de perspectiva ou distância psicológica.[2] Mesmo sob o menor grau de estresse, sua linguagem tem um tom derrotista (usando palavras como *sobrecarregado*, *soterrado* e *atulhado*). Sua mentalidade não é de superação, mas de ter sido superado (por exemplo, "Não aguento mais", "Vou jogar a toalha", "Estou arrasado").

Indicadores confiáveis do estilo depressivo autocentrado incluem a ênfase nos estímulos negativos em detrimento dos positivos e a ruminação de pensamentos negativos e de medos.[3] Mesmo um evento insignificante põe sua imaginação fértil a todo vapor, consumindo-o por meio de medos e ansiedades cada vez maiores. Sua vida é repleta de "tragédias sem fim" que nunca se concretizam de fato.

A ILUSÃO DE FOCO

A incapacidade de se livrar de pensamentos preocupantes e insistentes faz com que o humor dessas pessoas fique ainda pior.[4] Elas dão vida à sua angústia, dedicando a um pensamento ou a um impulso negativo mais atenção do que ele merece, alimentando-o com toda a sua energia.

Daniel Kahneman, que cunhou o termo *ilusão de foco*, explica que nada é tão importante quanto você pensa quando pensa sobre algo.[5] Em larga medida, quando redirecionamos nosso foco, ela perde força. Quando nossa perspectiva é limitada, não temos como fazer isso e perdemos o controle sobre nossos pensamentos, deixando assim que eles nos consumam por inteiro. A espiral se retroalimenta.[6] Nosso tempo e nossa energia aumentam a importância que damos aos pensamentos. Nossa mente conclui, logicamente: *Isso só pode ser importante, senão por que eu passaria tanto tempo pensando nisso?* Por exemplo, é provável que alguém com várias ofertas de emprego veja e avalie cada uma com diligência objetiva. No entanto, quando uma pessoa está desempregada há dois anos, tem uma pilha de contas atrasadas e finalmente consegue uma entrevista de emprego, sua perspectiva é diferente, limitada. Seus pensamentos a consomem. Ela vai ficar repassando a entrevista em sua mente, pensar nela sem parar e ficar obcecada com cada mínimo detalhe – temendo o tempo todo não conseguir o emprego. No fundo, ela acha que não vai conseguir o emprego.

O ego é programado primariamente para se concentrar no pior cenário possível, de modo a se proteger de surpresas desagradáveis. Eis aqui a estrutura psicológica em jogo: se alguém bater na traseira do seu carro, você pode ficar frustrado e irritado. Mas, se soubesse desde cedo que isso aconteceria no fim do dia, quando chegasse o momento você ficaria frustrado, mas muito menos surpreso e, portanto, teria pouco ou nenhum medo. É fundamental compreender isto: o medo existe devido à perda de controle. Acontece algo que era não apenas indesejável mas também imprevisto. Da mesma forma que o ego procura controlar os outros e as circunstâncias, ele ajusta nossas expectativas – e nos leva a esperar o pior –, de modo a automaticamente eliminarmos o elemento surpresa em qualquer situação que seja. Assim, porque estava previsto, reduzimos nosso choque e a sensação de estarmos fora de controle. Tínhamos mesmo razão. As expectativas confirmadas oferecem uma espécie perversa de alívio.

Isso nos coloca diante de um golpe duplo. O ego se concentra no negativo e essa atenção em si mesmo atribui maior importância ao objeto do nosso foco, ampliando o sentido que ele tem, o que reforça a necessidade de prestarmos mais atenção nele. Em seguida, mergulhamos em uma perspectiva cada vez mais limitada e em uma instabilidade emocional. É óbvio que nosso humor vai ser negativamente afetado e oscilar. Para os que gostam de listas, o ego corrompe nossa mentalidade de cinco maneiras: (a) ele escolhe aquilo a que damos atenção, (b) faz com que tudo tenha a ver com a gente, (c) conclui que todas as experiências negativas se devem a um defeito nosso, (d) aumenta a relevância do nosso foco e (e) nos faz acreditar que podemos resolver mentalmente uma situação que foge ao nosso controle ou que podemos entender algo incompreensível.

ESTOU TRISTE, MAS NÃO COM VOCÊ

Poderíamos supor que uma pessoa que sofre de um transtorno afetivo tempere bastante seu vocabulário com adjetivos e advérbios de carga negativa (por exemplo, *pra baixo*, *solitário*, *perdido, doente, triste, inquieto*). Mas nem sempre é esse o caso.[7] Pessoas que estão ansiosas ou tristes podem, na verdade, evitar usar essas palavras para esconder seus verdadeiros sentimentos dos outros.[8] Elas modulam a exibição de emoções negativas para evitar que os outros se afastem, o que as deixaria ainda mais isoladas.[9] Descobertas mostram que a expressão exclusivamente privada (por exemplo, diários pessoais, blogs e fóruns anônimos) de emoções negativas por meio de palavras é sinal de um estado depressivo.[10] O emprego intenso de uma linguagem com carga positiva está, no entanto, inversamente ligado à depressão em ambas as esferas, pública e privada. Em outras palavras, é mais fácil filtrar o negativo e mais difícil usar uma linguagem alegre e otimista quando não estamos nos sentindo assim. A expressão pública e a conversa aberta revelam o que normalmente está em falta. Os temas e a linguagem menos influenciados pela depressão contêm não apenas muitos termos positivos de afeto (por exemplo, *risos, haha, amor, saudade*) como também palavras relacionadas a atividades familiares (*carro, fim de semana, casa, família*) e sociais (*comida, hoje à noite, cachorro, exercício, jantar, clima*).[11]

Na comunicação aberta mas cautelosa há outro sinal linguístico que passa despercebido pelo radar consciente: o uso anteriormente observado da linguagem absoluta é um indício mais confiável de distúrbio emocional do que quaisquer pronomes ou expressões de sentimentos negativos.[12] A predominância de termos absolutos é aproximadamente 50% maior em fóruns sobre ansiedade e depressão quando comparada com outros 19 fóruns de interesse geral e é aproximadamente 80% maior em fóruns sobre tendências suicidas.[13] Termos absolutos também são um indicador mais preciso de uma futura recaída quando se trata de depressão.[14]

A CONEXÃO MENTE-CORPO

Embora os problemas psicológicos ou emocionais possam ser classificados sob o amplo guarda-chuva dos transtornos mentais, eles estão diretamente ligados à nossa saúde física. Distúrbios psicológicos geralmente apresentam sintomas psicológicos (mente e emoções) e somáticos (biológicos e fisiológicos). Por exemplo, pessoas que sofrem de depressão clínica muitas vezes apresentam sintomas corporais, como dores e incômodos leves, insônia, fadiga, perda de energia, problemas gastrointestinais, alteração do apetite, dor articular crônica, ganho ou perda significativos de peso e alterações psicomotoras (por exemplo, aceleração e agitação, ou lentidão, nos movimentos). Aqueles que sofrem de distúrbios emocionais estão mais predispostos a sofrer de mais dores físicas por inúmeras razões.

A incapacidade de estabelecer conexões saudáveis intensifica o isolamento emocional – e muitas vezes físico. Sentir-se sozinho ou solitário, mais do que qualquer outro fator, provoca alto grau de estresse e enfraquece de forma geral o sistema imunológico. Exames de ressonância magnética funcional (fMRI) revelam que duas áreas do cérebro onde processamos a dor física – o *córtex cingulado anterior dorsal* e a *ínsula anterior* – são ativadas quando temos uma sensação de isolamento.[15] Isso explica por que a depressão está associada a uma redução no limiar da dor.[16]

Sentimentos como o de descrença e o de "jogar a toalha" acionam o sistema nervoso autônomo e o eixo hipotálamo-pituitária-adrenal, o que prejudica o sistema imunológico e começa a afetar toda a nossa fisiologia e as nossas funções corporais.[17] A ansiedade constante provoca uma descarga de endorfina. As endorfinas são morfinas endógenas produzidas pelo corpo para regular a dor, por meio da redução do volume de transmissores de dor captados pelos neurônios no cérebro. Mais endorfina significa menos impulsos de dor.[18] Além disso, a ansiedade persistente nos leva para a zona de lutar, fugir ou paralisar, e os níveis subsequentes de cortisol e adrenalina podem ter um efeito devastador em nossos órgãos e funções corporais.

MOTORISTA OU PASSAGEIRO

O uso recorrente dos pronomes *mim* e *me* indica foco em si mesmo, mas, ao contrário do pronome *eu*, eles quase sempre são usados na voz passiva, o que pode ser um sinal de tendências submissas ou de uma sensação de desamparo e vulnerabilidade.[19] Algumas pessoas não sofrem de maneira silenciosa. Quando o verniz da dissimulação perde o brilho, a dor emerge, sem filtro.[20] Tudo passa a girar em relação a "mim".

A passividade se manifesta em reclamações e acusações, porque esses comportamentos se voltam para dentro e estão ligados a uma sensação de desamparo. Essas pessoas provavelmente farão queixas frequentes, acompanhadas da mensagem de que ninguém faz nada para ajudá-las, e apresentarão demandas de modo a provocar sentimentos de culpa e responsabilidade em quem está por perto.[21] A dor delas é, segundo elas mesmas, resultado de alguém ou algo externo (por exemplo, "Você me deixa triste", "Todo esse barulho me deixa ansioso"). Isso não quer dizer que essa correlação não exista, mas a total falta de responsabilidade sobre o próprio estado emocional sugere que haja um transtorno de humor, porque, logicamente, se a forma como nos sentimos é diretamente determinada por um fator externo, então é inevitável que fiquemos ansiosos e, em última instância, deprimidos.

William Glasser escreve: "Estar deprimido ou neurótico é passivo. Todo mundo já passou por isso; somos vítimas e não temos controle sobre nada."[22] Os linguistas dizem que uma sentença é ilógica se for semanticamente incorreta. Observe a frase "Meu amigo me obrigou a ter olhos azuis". Ninguém a aceitaria como verdadeira. No entanto, aceitamos facilmente a declaração "Meu amigo me deixa com raiva". Ambas, porém, são idênticas em termos semânticos e, de acordo com os linguistas, estruturalmente incorretas.

Quando a primeira pessoa, a causadora, é diferente da pessoa que experimenta a raiva, diz-se que a sentença é semanticamente malformada e inaceitável. A malformação semântica de sentenças desse tipo surge porque, literalmente, não é possível a um ser humano criar uma emoção em outro ser humano – logo, rejeitamos sentenças assim. Portanto, frases como essas ilustram um modelo em que a pessoa atribui a responsabilidade por suas emoções a agentes ou forças além de seu controle. O ato em si não provoca emoção; pelo contrário, a emoção é uma resposta gerada por um modelo em que a pessoa não assume responsabilidade por experiências que ela poderia controlar.[23]

Quando terceirizamos a responsabilidade por nossas emoções a pessoas ou forças fora do nosso controle, nos tornamos um objeto ou um efeito da experiência, e não a causa. As questões de autonomia (o senso de controle sobre a própria vida) e comunhão (o sentimento de conexão com os outros) voltam repetidamente à cena. Lembre-se de que a ausência de autocontrole inibe a conexão e o ego assume as rédeas para controlar os outros e forçar a conexão. A equação retorna à nossa capacidade de sermos responsáveis: o autocontrole proporciona autoestima, diminuição do ego e capacidade de se conectar com os outros; torna possível a comunhão. A sensação de impotência em nossa vida – quando nos sentimos desamparados e sem esperanças de concretizar uma mudança positiva – coincide, sem surpresa, com uma saúde emocional precária.[24] Pesquisas constataram que narrativas pessoais em que constam autonomia e comunhão estão associadas ao bem-estar emocional.[25]

Para sermos emocionalmente saudáveis, precisamos acreditar que, se tomarmos a atitude X, ela pode influenciar o resultado Y. O *desamparo aprendido*, termo cunhado pelo psicólogo Martin Seligman, ocorre quando uma pessoa tem a sensação de que, por não estar no controle, pode muito bem desistir. Seligman argumenta que as pessoas têm uma sensação de desamparo quando acreditam que suas ações não serão capazes de influenciar os resultados.[26] A sensação de vazio que vem a reboque – de que o que fazemos não importa – leva à inevitável e dolorosa conclusão de que *nós* não temos importância nenhuma.

Inúmeros estudos mostram que pessoas expostas a condições desagradáveis sobre as quais não têm controle ficam retraídas. Em um desses estudos, os participantes foram expostos a níveis extremamente altos de ruído. Ao apertar um botão, um dos grupos conseguia parar o ruído, enquanto o outro não tinha nenhum meio de fazê-lo. Pouco tempo depois, quando os dois grupos foram reunidos, os indivíduos do grupo que não podia fazer nada em relação ao barulho – ou seja, os desamparados – mostraram pouco interesse quando convidados a participar de uma disputa esportiva ou de um jogo e apresentaram pouca motivação para vencer.[27]

Quando o senso de autonomia de uma pessoa está gravemente comprometido, ela abandona seu verdadeiro "eu" e se resigna à vitimização.[28] Ela acredita que são os outros que tomam as decisões, enquanto ela está totalmente sujeita a forças externas, incapaz de assumir o controle ou de fazer mudanças.[29] Ela se torna incapaz de se enxergar como alguém que possa engendrar uma experiência; em vez disso, está sujeita aos caprichos do destino e das circunstâncias ou é vítima de desejos inexoráveis ou de uma sociedade insensível.[30]

O ego é uma máquina de fabricar sentido. E, quando ele está na cadeira do diretor, escala a si mesmo e seu universo em todos os papéis que quer. Ironicamente, nem sempre ele se coloca no papel do herói e os outros nos de vilão. Não é raro que alguém se apresente como insignificante – em um estado de mágoa, mal-estar e frustração que parece irreversível. Essa tática, inconscientemente motivada e articulada pelo ego, absolve essa pessoa da responsabilidade de maneira oportuna, porque ela não "merece" ser feliz. Assim, evita a dor da responsabilidade e o fardo da obrigação.

Incapaz de enfrentar os desafios legítimos da vida, o ego desse tipo muda astutamente de tática e se declara uma vítima do destino, das circunstâncias ou das cruéis atitudes dos outros.

> Quando terceirizamos a responsabilidade por nossas emoções a pessoas ou forças fora do nosso controle, nos tornamos um objeto ou um efeito da experiência, e não a causa.

Qualquer que seja a narrativa, ficamos presos a esses padrões e muitas vezes manipulamos os eventos para que seu desenrolar se ajuste às nossas expectativas. É assim que precisamos que o mundo seja. Ter razão se torna uma prioridade emocional maior do que ser feliz. Ajustamos toda a nossa vida para acomodar a *nossa versão da história*.

DA NEUROSE À PSICOSE

Qual a diferença entre neurose e psicose? A neurose pode ser enxergada como ansiedade, insegurança, medos irracionais. A maioria de nós sofre de algum grau de neurose. Pessoas com tendências neuróticas graves têm dificuldade em se adaptar e em lidar com a mudança, bem como uma incapacidade de desenvolver uma personalidade rica, complexa e plena. Uma tendência neurótica severa pode se manifestar tanto como um transtorno afetivo quanto como um transtorno de personalidade. A psicose, por sua vez, é uma ruptura com a realidade.

Já vimos que o ego está equipado com um conjunto elaborado de mecanismos de defesa para lidar efetivamente com os pequenos (e não tão pequenos assim) percalços da vida. No entanto, quando ocorre um trauma, a narrativa pessoal precisa ser reescrita de maneira rápida e arrojada.[31] Quando não conseguimos integrar uma experiência traumática à nossa narrativa, a corda arrebenta em algum ponto. Quem sofre de depressão extrema pode, infelizmente, tentar o suicídio para abandonar o mundo físico. Quem sofre de psicose permanece no mundo físico, mas abandona a realidade.

A psicose ocorre quando uma pessoa distorce a realidade a tal ponto que resta pouca relação com a realidade de fato. Ela perde o contato com o que é verdadeiro. Experimenta alucinações. Consegue ouvir, cheirar e sentir coisas que não existem. Também pode ter delírios e fortes convicções irreais, como achar que está falando com o presidente, ou obscuras, como acreditar que está falando com o demônio. (Às vezes, dependendo do governo, não há muita diferença entre um e outro.) Os delírios de perseguição são os mais comuns. Isso significa que o psicótico se sente explorado, assediado, controlado ou seguido. Pode acreditar que seus pensamentos estão sendo transmitidos de modo que todo mundo consegue ouvir. É possível que ele acredite que seus pensamentos foram plantados por outra pessoa e que não é dono das próprias ideias.[32]

Embora a psicose seja um sintoma da esquizofrenia, ela também é comum no transtorno bipolar. As características psicóticas podem ser consistentes ou conflitantes com o humor da pessoa. No estado maníaco, uma ideia de grandeza consistente com o humor pode alimentar a crença de que a pessoa tem poderes mágicos ou um relacionamento especial com uma pessoa famosa. Durante uma crise depressiva, sentimentos de culpa, inadequação e vergonha podem se expandir a ponto de a pessoa ouvir vozes que a condenam ou ter delírios de que provocou um grande mal ou que cometeu um crime hediondo.

Conforme a saúde emocional fica cada vez mais comprometida, essas conexões se tornam construções forçadas de um ego frágil, inseguro e autodepreciativo, que tem a si mesmo no centro de um universo raivoso e vingativo. As suposições do indivíduo variam do geral (por exemplo, "Eu me odeio, então você deve me odiar") ao específico ("Sou inseguro quanto ao formato da minha cabeça e estou vendo você olhar para ela, o que confirma minha crença de que ela tem uma forma esquisita"). Ele vai "ver" o que precisa ver, acreditar no que precisa acreditar, a fim de provar a si mesmo que é onisciente e está no controle. Seguro. Protegido. Ele não pode se sentir vulnerável, então manipula sua visão de mundo até que ela acomode suas inseguranças (em contraste com o sociopata, que distorce e transforma os outros até que eles o acomodem).

Até mesmo os pensamentos, sentimentos e intenções dos outros estão "claros" para o psicótico, apesar das evidências em contrário e da ausência de fundamentos lógicos (por exemplo, "Eu sei que você está chateado comigo", "Sinto que você está curioso sobre o que está acontecendo"). Ironicamente, quanto menos saudável uma pessoa é, mais ela acredita em sua capacidade de ver, conhecer e prever o mundo à sua volta. Mas a verdade é que ela está menos apta a identificar relações de causa e efeito. Para compensar essa deficiência, ela cria suas associações entre ação e consequência. Naturalmente, isso agrava sua condição, porque, sempre que ocorre uma ruptura – o que é inevitável –, ela afunda em suas suposições.

A superstição nada mais é do que uma forma branda de psicose – o desejo de fazer conexões onde elas não existem. A superstição se instala quando a relação entre causa e efeito é borrada. Isso pode nos tornar como que escravos de rituais e comportamentos compulsivos. Precisamos ter alguma sensação de controle, então delineamos nossa associação entre um evento e uma atitude. Se dermos três batidinhas na madeira, por exemplo, a reunião vai correr bem. Esse tipo de comportamento nos dá uma sensação de empoderamento. A realidade é suplantada pelas próprias correlações autocentradas do ego. Sempre que a pessoa não consegue encontrar sentido ou significado, ela os inventa.

MARCADORES DE LINGUAGEM

Às vezes, mesmo o sujeito mais saudável se sente exausto, sobrecarregado ou distraído e é incapaz de falar com calma e clareza. Não há razão para ficar alarmado. No entanto, um padrão de frases curtas e simples, sem coesão – sem uma conexão clara de um ponto a outro –, pode indicar que a psicose já está presente ou dando os primeiros passos.

Por meio da análise computadorizada de padrões de vocabulário, pesquisadores foram capazes não apenas de diagnosticar a psicose, mas também de prever com surpreendente precisão de 100% aqueles que teriam um surto psicótico. Existem dois marcadores: (a) uma narrativa desarticulada (sem fluxo claro e convincente) e (b) uma estrutura de frases mais curtas e menos complexas, que dá origem a um padrão de fala que é como um rompante.[33] Isso ficou evidente pelo mau uso de pronomes relativos (por exemplo, *que* ou *qual* para introduzir orações subordinadas), que com frequência não indicavam claramente quem ou o que havia sido mencionado anteriormente e provocavam uma redução da coerência.[34] Um indivíduo que sofre de psicose acredita que todos veem as coisas da mesma perspectiva que ele. Seu ego aberrante constrói uma realidade própria, fazendo conexões artificiais e presumindo que existe uma base de conhecimento comum. Ao ser apresentado a uma pessoa, o indivíduo fala como se o interlocutor devesse saber do que ele está falando.

Um padrão de frases curtas e simples, sem coesão – sem uma conexão clara de um ponto a outro –, pode indicar que a psicose já está presente ou dando os primeiros passos.

O psicótico também não tem uma percepção consistente das relações temporais ou espaciais. A ausência de um vocabulário contextual, que inclua palavras como *ontem*, *recentemente* e *perto*, é, portanto, um prenúncio da gravidade da psicose.[35] Independentemente da patologia e do diagnóstico, as seguintes pistas visuais indicam a presença de problemas de saúde mental que, se constatados, devem receber atenção redobrada:[36]

- Parece muito distraído (não consegue se concentrar; fica olhando ao redor; reage ou repara em cada movimento ou ruído); fica muito inquieto; não consegue ficar parado (se mexe constantemente, balança as pernas ou arranca fiapos da roupa).
- Apresenta comportamentos estranhos ou altamente idiossincráticos (está o tempo todo endireitando coisas sem

um motivo claro; evita pisar em rachaduras; faz movimentos estranhos e repetitivos); fala de modo peculiar (usa um tom de voz monótono e sem inflexão); a postura e/ou o andar são rígidos, mecânicos, desajeitados.

- Parece distante ou frio (muito hostil; talvez um pouco grosso, alheio, relutante a interagir, mas de um jeito malcriado, não tímido; não responde de maneira calorosa ou simpática às gentilezas ou simpatias dos outros).
- Age de maneira paranoica ou desconfiada (não confia; os olhos se agitam, olha ao redor constantemente; pode se recusar a apertar sua mão, como se você tivesse a intenção de lhe fazer algum mal; parece excessivamente cauteloso).
- Apresenta falta de higiene ou aparência desleixada (não faz a barba e parece não tomar banho há dias; o cabelo parece bagunçado e sujo; as roupas estão amarrotadas ou encardidas).

Uma pessoa que apresenta um transtorno psicológico não necessariamente é violenta ou perigosa. Na verdade, a maioria dos atos de violência é cometida por indivíduos que não sofrem de nenhuma patologia mental. Mas isso não significa que não haja sinais de alerta claros e bem definidos. Com base em sua capacidade de observação, o capítulo final vai ajudar você a avaliar a probabilidade de uma pessoa representar uma ameaça à sua segurança e ao seu bem-estar.

20
Quando prestar atenção: alerta vermelho e indícios preocupantes

Quando se trata de investimentos, somos lembrados de que "o desempenho passado pode não ser indicativo de resultados futuros", mas, em relação às pessoas, podemos, sim, esperar que o desempenho passado seja um indicativo de resultados futuros. Em seu livro *Inside the Criminal Mind* (Por dentro da mente criminosa), o famoso criminologista Stanton Samenow explica: "É impossível cometer um crime se ele não for coerente com nosso caráter. Seria como pedir a um prédio para voar; não é da natureza do edifício fazê-lo."[1] Ele explica que mesmo o indivíduo que comete um "crime passional" – quando parece ter perdido o controle e cometido um único crime não planejado – tem muito em comum com o assassino calculista e frio. Samenow escreve:

> Tempestuosos, inflexíveis e impacientes, ambos exigem que o outro faça o que ele quer. Eles podem se indispor mesmo diante de pequenos conflitos. Em vez de lidar de forma construtiva com situações desagradáveis, seus sintomas se agravam. Quando ficam frustrados ou decepcionados, culpam o outro. [...] O crime "que não condiz com o caráter" pode ser precedido por uma longa série de ameaças ou agressões que foram

abafadas ou ignoradas pela família. Apesar das aparências, quando o homicídio finalmente acontece, é cometido por uma pessoa a quem a violência não é estranha.[2]

As pessoas não mudam de uma hora para outra. Quase sempre existem comportamentos identificáveis que lhe indicam que um ato de violência talvez esteja se aproximando. Para começar, faça a si mesmo as seguintes perguntas sobre a pessoa em questão:

- Quando fica irritada, ela desconta em objetos inanimados (soca paredes, arremessa coisas) ou efetua destruições simbólicas, como rasgar fotos, destruir documentos ou atirar a aliança de casamento?
- Ela tende a fazer ameaças ou a usar de violência na tentativa de resolver conflitos ou conseguir o que quer?
- Ela reage de forma desmedida a pequenas coisas e presume que os outros têm motivações pessoais para contrariá--la? Por exemplo, se a secretária lhe dá uma informação errada ou alguém lhe passa instruções insuficientes, ela fica furiosa, achando que foi intencional e pessoal?
- Ela é cruel com os animais ou com as pessoas? Diz coisas ofensivas ou procura constranger e humilhar os outros, principalmente aqueles que não têm como se defender?
- Ela não avançou na hierarquia corporativa e se mostra frustrada diante da falta de progresso? Acha que ninguém reconhece suas contribuições, que os outros levam o crédito por seu trabalho ou que todo mundo está contra ela?
- Houve uma piora brusca em sua postura, seu desempenho ou seu comportamento? Ela parece subitamente desinteressada, inabalada pelos acontecimentos no trabalho ou em casa?

Embora esses indícios forneçam uma prévia quanto a quaisquer preocupações em andamento, não subestime o papel das drogas e do álcool. Pesquisas constataram que 31% das pessoas que apresentam tanto abuso de substâncias químicas quanto transtorno psiquiátrico cometeram pelo menos um ato de violência em um ano, em comparação com 18% das pessoas que apresentavam apenas transtorno psiquiátrico.[3] Da mesma forma, ser jovem do sexo masculino ou dependente químico coloca o indivíduo em maior risco de apresentar comportamento violento do que ter um transtorno mental – e a combinação de fatores de risco aponta para uma propensão estatística ainda maior.[4] Além disso, se alguém diz que está "farto" ou "de saco cheio de tudo e de todos" ou comenta sobre um plano para se vingar ou resolver seus problemas de vez, fique atento. Claro, você deve ficar ainda mais alerta se essa pessoa tiver planos detalhados para cometer atos de violência ou se fala sobre liquidar dívidas ou obter respeito e tiver acesso fácil a uma arma. Entre outros indícios preocupantes estão o fato de ela fazer piadas ou comentários sobre armas ou acertos de contas, se demonstra raiva e frustração generalizada ou profere frases que denotam desespero, ou se desfia uma série interminável de queixas, sejam elas potenciais ou formalmente apresentadas no local de trabalho ou na Justiça.

Tudo isso, individual e sem dúvida coletivamente, aponta para uma frustração em ebulição e para maior propensão à violência. O especialista em análise de ameaças Gavin de Becker criou a escala de quatro pontos JACA, em referência às quatro características que a compõem, para avaliar a probabilidade de uma ameaça ser levada a cabo:

- *Justificativa:* primeiro analisamos se a pessoa parece sentir que tem uma justificativa para usar de violência de modo a infligir sofrimento, dor ou provocar mortes.

- *Alternativas:* vemos então se a pessoa sente que tem outras opções além da violência para alcançar seus meios. Se a violência parece ser a única forma de obter justiça, ela vai avaliar as consequências.
- *Consequências:* o sujeito avalia as prováveis repercussões de usar a violência como recurso e pondera se o resultado provável – ferimento, morte, prisão – vale a pena.
- *Aptidão:* se seus planos de vingança vão se manter como uma fantasia ou vão se transformar em uma terrível realidade, depende de se ele acredita ter os meios e a aptidão para concretizar a ameaça. Se ele achar que sim, o mais provável é que siga adiante.

A análise linguística oferece uma outra camada de insights. O trecho a seguir é uma amostra real de uma escrita repleta de *qualificadores*, mas sem um único *retrator* (ver Capítulo 5 para mais detalhes). Descobertas mostram que esse padrão de linguagem sugere que, "uma vez encontrada uma resposta para um problema, pode não haver mais volta".[5] Também é descrito como *dissociação* (ver Capítulo 12), o que nos diz que a pessoa já se dissociou de suas ações. Não muito tempo depois que a carta foi escrita, seu autor assassinou a esposa.

Hoje me vejo diante de um problema claro para o qual gostaria de encontrar a resposta. E parece não haver nenhuma resposta clara. O problema dentro de mim é algo que eu não entendo por inteiro – se sou eu mesmo ou a coisa real. Não consigo parar de pensar que talvez seja esse o problema. Talvez eu devesse distrair a cabeça e pensar em uma coisa de outra natureza, para poder tirar completamente esse pensamento da minha mente. Acho que, talvez, se eu voltar ao meu trabalho artístico e me concentrar nas diferentes fases do aprendizado, mergulhe nos meus interesses e alivie esse problema da minha cabeça – fazendo tudo que eu puder para colaborar com qualquer pessoa que talvez seja capaz de me ajudar com esse problema. E que a coisa possa encontrar uma resposta por si só.[6]

Em qualquer situação em que você sinta que algo não está certo, confie nos seus instintos. Você não precisa apontar um motivo. Seu inconsciente captou uma ameaça que sua mente consciente deixou passar. Para se proteger, você precisa aprender a confiar em si mesmo.

UMA AMEAÇA A SI MESMO

Embora transtornos mentais não estejam relacionados com violência, pensamentos e comportamentos suicidas costumam ser encontrados em proporção maior entre indivíduos com transtornos afetivos ou de personalidade. Pessoas com tendências suicidas precisam de ajuda profissional – e ponto final –, de preferência antes de ficarem tão deprimidas e sem esperança que o suicídio se torne mesmo uma opção.[7] O fato de alguém estar em crise não significa necessariamente que esteja à beira do suicídio. Estes sinais de alerta vão ajudar você a avaliar o risco: aqui podemos também aplicar a mesma escala JACA. Se a pessoa expressar os seguintes sentimentos, entre em alerta máximo:

- *Justificativa:* "A vida não vale a pena. O sofrimento é insuportável, e, além disso, todo mundo – minha família, meus amigos e as pessoas que eu amo – ficaria melhor sem mim."

- *Alternativas:* "Não há nada que eu possa fazer para melhorar e sinto que não existe saída."
- *Consequências:* "Não vou estar aqui para lidar com nada depois."
- *Aptidão:* "Tenho acesso (ou pretendo ter) a armas ou remédios. Fiz planos e deixei tudo em ordem. Paguei minhas dívidas e doei meus pertences."

Um gesto suicida é uma tentativa de suicídio em que a pessoa não tem intenção de morrer; por exemplo, ela pode tomar uma dose não letal de comprimidos para dormir ou se cortar de uma forma pouco provável de levá-la à morte imediata. A intenção de um gesto suicida é geralmente expressar desespero ou desamparo ou emitir um grito de socorro, em uma tentativa para melhorar a vida, não para morrer. Em alguns casos, um gesto suicida pode ser uma tentativa de fazer uma declaração dramática ou "se vingar de alguém".

Dito isso, a automutilação intencional, mesmo sem intenção suicida, está associada a um risco, a longo prazo, de cometer suicídio.

Tentativas de suicídio e gestos suicidas podem ser muito parecidos. Uma tentativa de suicídio pode ser um suicídio fracassado (por exemplo, a pessoa tomou uma cartela inteira de remédios com a intenção de morrer, mas alguém interveio, chamou uma ambulância e a pessoa acordou viva no hospital, depois de passar por uma lavagem estomacal). Não temos nunca como saber quando uma pessoa vai tomar a decisão fatídica de recorrer a uma atitude drástica e destrutiva, mas dois indicadores intensificam bastante o sinal de alerta já aceso. Vamos ver a seguir quais são.

Principal fator de estresse

Em nossa vida, abrir um pote de sorvete ou uma garrafa de vinho ou adotar um comportamento autodestrutivo costumam resultar de um fator de estresse. A maioria dos comportamentos violentos também surge na esteira do fator de estresse, que invariavelmente se resume a nos sentirmos sobrecarregados – soterrados por nossos pensamentos e emoções. Um fator de estresse pode se apresentar sob diversas formas: uma crise financeira ou pessoal recente (como uma falência), uma separação, um mandado de restrição, uma disputa ou audiência de custódia, um confronto com a polícia, uma demissão ou um rebaixamento e afins. Qualquer mudança significativa para pior em sua vida ou em seu estilo de vida, associada a outros fatores, é motivo legítimo de preocupação.

Quando se trata de investimentos, somos lembrados de que "o desempenho passado pode não ser indicativo de resultados futuros", mas, em relação às pessoas, podemos, sim, esperar que o desempenho passado seja um indicativo dos resultados futuros.

O efeito Werther

As notícias mais recentes e a cobertura da mídia sobre violência no ambiente de trabalho podem levar outras pessoas a agir de forma semelhante quando elas se identificam com o agressor e compartilham das frustrações dele. O impacto da influência social é ainda mais preocupante e perturbador em uma época em que a tecnologia coloca o mundo inteiro na ponta dos nossos dedos. A psicologia chama isso de "efeito copycat" ou "efeito

Werther" (inspirado no personagem do livro *Os sofrimentos do jovem Werther*, de Goethe). Ele se baseia no princípio de que os seres humanos usam as ações dos outros para decidir qual é o comportamento adequado para si mesmos.[8] Por exemplo, quando pessoas ficam sabendo do suicídio de alguém, algumas chegam à conclusão de que o suicídio também pode fazer sentido para elas – curiosamente, até mesmo algumas que não estavam planejando ativamente dar fim à própria vida. Algumas cometem suicídio sem se importar com que as pessoas saibam que elas se mataram, enquanto outras não querem que sua morte pareça suicídio. Uma pesquisa mostrou que, três dias após uma reportagem na mídia sobre um suicídio, a taxa de mortes em acidentes de carro aumentou em 31%.[9] Esse efeito assustador vai além dos números, pois essas mortes ocorrem com maior frequência na região onde a história do suicídio é divulgada, e quanto mais parecidos formos com a vítima, maior a probabilidade de sermos influenciados (devido à identificação do ego). Logo, quando a mídia informa que um jovem cometeu suicídio, o número de acidentes de carro aumenta entre os jovens. Quando se publica uma notícia sobre um idoso que cometeu suicídio, o número de acidentes de carro cresce entre idosos. Preste atenção especial, portanto, quando alguém expressar empatia ou compreensão diante dessas ações (por exemplo, "Todo mundo tem um limite", "Tenho certeza de que ele tentou outras formas de superar isso, mas as opções se esgotaram").

Ernest Hemingway escreveu: "Quando as pessoas falam, escute com atenção. A maioria das pessoas nunca escuta." Uma pessoa que representa um perigo para si mesma ou para os outros está gritando de dor. Se você prestar atenção, vai ouvir. Em alto e bom som.

CONCLUSÃO

O que fazer com o que sabemos

No fim das contas, vivemos em um mundo que vem se tornando cada vez mais caótico e imprevisível. Espero que, de uma forma válida e significativa, as estratégias que você aprendeu neste livro lhe deem mais confiança, conforto e segurança pela vida afora. Talvez, também, em sua busca para aprender e prever melhor os comportamentos das pessoas ao seu redor, você comece a entender mais sobre si mesmo e sobre o que eventualmente pode fazer para melhorar sua saúde emocional e a qualidade de seus relacionamentos.

Dizem que *conhecimento é poder*. Não é. Conhecimento é uma ferramenta, assim como qualquer outra, e a forma como o utilizamos faz toda a diferença. O verdadeiro poder é a aplicação responsável do conhecimento. Saber o que as pessoas realmente pensam e sentem sem dúvida ajuda a poupar tempo, dinheiro, energia e mágoa, mas também nos habilita a compreender, ajudar e curar aqueles em sofrimento.

Tenho uma enorme esperança e expectativa de que as técnicas deste livro sejam empregadas com responsabilidade, para iluminar, empoderar e inspirar. Elas não foram projetadas apenas para lhe proporcionar vantagens, mas também para educar, de modo que você seja mais eficaz na sua vida e em suas interações, e mais otimista em relação às suas habilidades e possibilidades.

AGRADECIMENTOS

É um grande prazer e privilégio agradecer aos profissionais supertalentosos da Penguin Random House, minha editora nos Estados Unidos. Em primeiro lugar, um grande obrigado à minha editora na Rodale, Marnie Cochran, cujos insights perspicazes e sugestões bem apuradas foram fundamentais para a elaboração deste livro.

Realmente é preciso uma aldeia! A todas as pessoas talentosas da produção e do design, um sincero e caloroso obrigado. A Alison Hagge, por sua preparação de originais diligente e minuciosa. A Anna Bauer, pelo design de capa inteligente e sofisticado. Um enorme obrigado à designer Andrea Lau, à editora Serena Wang, à gerente de produção Jessica Heim e aos diagramadores da Scribe, cujo trabalho árduo é evidente em cada página. A Lindsey Kennedy, da publicidade, e a Christina Foxley e Jonathan Sung, do marketing – ainda que o trabalho de vocês esteja só começado, sou grato por todo o tempo e atenção já dedicados e que sem dúvida continuarão a dedicar.

Obrigado ao meu formidável agente Jim Levine, da agência literária Greenberg Rostan, por cuidar tão bem deste livro ao longo de todo o processo. E minha gratidão a Patricia Weldygo e a Patrick Price, por suas contribuições e seus insights editoriais.

Aos meus colegas acadêmicos e agentes da lei, um retumbante obrigado por suas inúmeras e variadas contribuições. Vocês são muitos para serem mencionados nome a nome e há alguns que preferem permanecer anônimos. Vocês sabem quem são, e tenho uma dívida com vocês. O Talmude diz que aprendemos muito com nossos professores, mais com nossos colegas e mais ainda com nossos alunos. Essa sabedoria atemporal se comprova aqui, pois agradeço especialmente aos meus alunos, incluindo, claro, meus clientes e pacientes, com quem mais aprendi. Admiro demais a força, a coragem e a determinação de vocês.

Jamais poderei agradecer o bastante aos meus pais e estarei eternamente em dívida com eles. À minha extraordinária e amorosa esposa e aos meus notáveis e preciosos filhos, só posso dizer que vocês fizeram tudo isso ser possível e valer a pena. Sou muito grato a Deus por Suas incontáveis bênçãos e pela oportunidade de provocar um impacto positivo na vida de outras pessoas.

NOTAS

INTRODUÇÃO

1 A surpreendente parcela de 75% dos agentes da lei acredita que um desvio de olhar denota falsidade, embora não seja um indicador confiável. Ver AKEHURST, L. et al. "Lay Persons' and Police Officers' Beliefs Regarding Deceptive Behavior", *Applied Cognitive Psychology*, vol. 10, n. 6, 1996, pp. 461-73.

2 Os métodos que empregam análise linguística são usados de preferência (a) quando o sujeito é fluente no idioma em que está falando ou escrevendo e (b) em declarações ou conversas mais extensas, não em mensagens curtas, como as de celular, porque muitas vezes as pessoas são negligentes em relação à gramática nesse tipo de troca. Além disso, a cultura, o gênero, a idade, a formação e o status socioeconômico da pessoa influenciam o uso do idioma e uma interação mais longa ou uma amostra maior permite filtrar melhor essas variações.

1. O QUE AS PESSOAS *DE FATO* PENSAM

1 MURPHY, Mark. *Hiring for Attitude: A Revolutionary Approach to Recruiting and Selecting People with Both Tremendous Skills and Superb Attitude*. Nova York: McGraw-Hill Education, 2016, pp. 117-8.

2 Ibid., p. 7.

3 Lembramos que devemos levar em conta uma multiplicidade de fatores antes de presumir qualquer coisa. Nesse caso, por exemplo, a costureira pode ter bastante orgulho de seu trabalho, e uma sensação de extrema vergonha pode ofuscar temporariamente sua integridade.

4   Ver WHELAN, Clea Wright et al. "High-Stakes Lies: Verbal and Non-verbal Cues to Deception in Public Appeals for Help with Missing or Murdered Relatives", *Psychiatry, Psychology and Law*, vol. 21, n. 4, 2014, pp. 523-37. DOI: 10.1080/13218719.2013.839931.

5   WIENER, Morton & MEHRABIAN, Albert. *Language within Language: Immediacy, a Channel in Verbal Communication*. Nova York: Appleton-Century-Crofts, 1968.

6   WEINTRAUB, Walter. *Verbal Behavior: Adaptation and Psychopathology*. Nova York: Springer, 1981.

7   CASASANTO, Daniel & JASMIN, Kyle. "Good and Bad in the Hands of Politicians: Spontaneous Gestures During Positive and Negative Speech", *PLoS ONE*, vol. 5, n. 7, 2010. DOI: 10.1371/journal.pone.0011805.

2. COMO UMA PESSOA ENXERGA OS OUTROS E O QUE SENTE EM RELAÇÃO A ELES

1   Uma exceção é a condição conhecida como *síndrome de Estocolmo*, quando a vítima desenvolve uma ligação psicológica com o sequestrador.

2   SEIDER, Benjamin H. et al. "We Can Work It Out: Age Differences in Relational Pronouns, Physiology, and Behavior in Marital Conflict", *Psychology and Aging*, vol. 24, n. 3, 2009, pp. 604-13. DOI: 10.1037/a0016950.

3   Ibid.

4   PENNEBAKER, James W. *The Secret Life of Pronouns: What Our Words Say About Us*. Nova York: Bloomsbury Press, 2011.

5   QUINN, Christopher. "Technique Sets the Truth Free". *Orlando Sentinel*, 23 set. 1991. Disponível em: www.orlandosentinel.com/news/os-xpm-1991-09-23-9109230167-story.html. Acesso em: 5 jun. 2019.

6   Ibid.

7   Temos a tendência de associar a orientação vertical com poder, literal e metaforicamente. Quando se pede a alguém para ilustrar a dinâmica

social ou do local de trabalho, o mais comum é usar a orientação vertical e colocar a pessoa ou o grupo mais poderoso no topo e os mais impotentes na base. Isso prove uma ampla visão de como as pessoas veem a si mesmas e aos outros dentro de qualquer estrutura interpessoal. Ver SCHUBERT, T. W. "Your Highness: Vertical Positions as Perceptual Symbols of Power", *Journal of Personality and Social Psychology*, vol. 89, n. 1, 2005, pp. 1-21. DOI: 10.1037/0022-3514.89.1.1.

3. CONTATOS IMEDIATOS

1 PENNEBAKER, James W. *The Secret Life of Pronouns: What Our Words Say About Us*. Nova York: Bloomsbury Press, 2011.

2 GONZALES, A. L. et al. "Language Style Matching as a Predictor of Social Dynamics in Small Groups", *Communication Research*, vol. 37, n. 1, 2010, pp. 3-19; e TAYLOR, P. J. & THOMAS, S. "Linguistic Style Matching and Negotiation Outcome", *Negotiation and Conflict Management Research*, vol. 1, 2008, pp. 263-81.

3 Alguns advérbios são palavras funcionais (por exemplo, *então* e *muito*).

4 CHUNG, C. K. & PENNEBAKER, J. W. "The Psychological Functions of Function Words". Em: FIEDLER, K. (org.) *Social Communication: Frontiers of Social Psychology*. Nova York: Psychology Press, 2007, pp. 343-59; e MEYER, A. S. & BOCK, K. "Representations and Processes in the Production of Pronouns: Some Perspectives From Dutch", *Journal of Memory and Language*, vol. 41, n. 2, 1999, pp. 281-301.

5 Aprendemos que as palavras podem desencadear reações emocionais intensas e, nesses casos, um indivíduo pode usar palavras funcionais para evitar "dar nome aos bois". É mais provável que uma pessoa com fobia de aranha que se depare com uma delas andando em sua perna grite "Tire isso daqui!" do que "Tire esta aranha de cima de mim!". Além disso, alguns filhos adultos têm o estranho hábito de chamar os pais pelo nome, muitas vezes (mas nem sempre) porque não querem se sentir conectados e *mãe* e *pai* sinalizam uma relação de parentesco.

6 Uma fala do clássico filme *O planeta dos macacos* (1968) vem à mente: "Tire suas patas fedorentas de mim, seu macaco imundo!"

7 Um golpista habilidoso tentará ficar ao seu lado em vez de falar com você cara a cara. Isso porque lado a lado vocês dois têm uma perspectiva comum, na qual literalmente veem o mundo do mesmo ponto de vista e, assim, criam um relacionamento artificialmente próximo.

8 PENNEBAKER, James W. et al. "Psychological Aspects of Natural Language Use: Our Words, Our Selves", *Annual Review of Psychology*, vol. 54, 2003, pp. 547-77. DOI: 10.1146/annurev.psych.54.101601.145041.

4. RELAÇÕES E PODER

1 BROWN, Penelope & LEVINSON, Stephen C. *Politeness: Some Universals in Language Usage*. Cambridge: Cambridge University Press, 1987.

2 PINKER, Steven. *Do que é feito o pensamento: a língua como janela para a natureza humana*. São Paulo: Companhia das Letras, 2008.

3 Pesquisas descobriram que a polidez, enquanto ferramenta linguística, aparenta ser universal em todas as culturas. Ver BROWN & LEVINSON, *Politeness*.

4 PENNEBAKER, James W. *The Secret Life of Pronouns: What Our Words Say About Us*. Nova York: Bloomsbury Press, 2011.

5 De forma igualmente surpreendente, ainda que logicamente consistente, o narcisismo não está relacionado ao uso de pronomes da primeira pessoa do singular. Embora os narcisistas estejam imersos em si próprios, eles mantêm um sentimento de superioridade, que então orienta seu foco para fora. Ver HOLTZMAN, N. S. et al. "Linguistic Markers of Grandiose Narcissism: A LIWC Analysis of 15 Samples", *Journal of Language and Social Psychology*, vol. 38, n. 5-6, 2019, pp. 773-86. DOI: 10.1177/0261927X19871084.

6 O único modo de transmitir falta de sinceridade seria exagerar no pedido de desculpas com um tom zombeteiro (por exemplo, "Sinto muitííííííssimo...").

7 Levantar o queixo é visto como um movimento agressivo, e mesmo um leve movimento do queixo para a frente é interpretado universalmente

como um gesto de hostilidade. Ver MORRIS, Desmond. *Bodytalk: The Meaning of Human Gestures*. Nova York: Crown, 1995.

5. LENDO O CLIMA

1 Em uma situação de risco de vida, nossa mente filtra automaticamente as informações e os estímulos desnecessários. Ao dirigir em meio a uma tempestade de neve, por exemplo, a maioria das pessoas desliga o rádio, porque é uma distração desnecessária. Claro, isso não nos ajuda a ver melhor pelo para-brisa, mas permite que nossos recursos cognitivos se concentrem diretamente na ameaça em curso.

2 Como muitas vezes confiamos no tom de voz para decifrar a mensagem oculta, o sarcasmo não funciona bem na escrita, ainda que se empregue o emoji adequado.

3 LALLJEE, M. & COOK, M. "Filled Pauses and Floor-Holding: The Final Test?", *Semiotica*, vol. 12, 1975, pp. 219-25.

4 WEINTRAUB, Walter. *Verbal Behavior: Adaptation and Psychopathology*. Nova York: Springer, 1981.

5 Esse estado engloba tanto a reação fisiológica (por exemplo, batimentos acelerados, respiração ofegante) quanto a psicológica (medo e distorções cognitivas).

6 Ibid.

7 Ver LIEBERMAN, David J. *Make Peace with Anyone: Breakthrough Strategies to Quickly End Any Conflict, Feud, or Estrangement*. Nova York: St. Martin's Press, 2002.

8 Ver LIEBERMAN, David J. *Never Get Angry Again: The Foolproof Way to Stay Calm and in Control in Any Conversation or Situation*. Nova York: St. Martin's Press, 2017.

9 WEINTRAUB, *Verbal Behavior*.

10 SIMMONS, R. A. et al. "How Do Hostile and Emotionally Overinvolved Relatives View Relationships? What Relatives' Pronoun Use Tells Us", *Family Process*, vol. 47, n. 3, 2008, pp. 405-19.

11 Ibid.

12 WEINTRAUB, Walter. *Verbal Behavior in Everyday Life*. Nova York: Springer, 1989.

6. ANALISANDO A HONESTIDADE E A INTEGRIDADE

1 GÜTH, W. et al. "An Experimental Analysis of Ultimatum Bargaining", *Journal of Economic Behavior and Organization*, vol. 3, n. 4, 1982, pp. 367-88.

2 SCHUG, Joanna et al. "Emotional Expressivity as a Signal of Cooperation", *Evolution and Human Behavior*, vol. 31, n. 2, 2010, pp. 87-94. DOI: 10.1016/j.evolhumbehav.2009.09.006.

3 A expressão "esconder o jogo" costuma ser usada para se referir a uma pessoa que mantém em segredo suas intenções. Vem de jogos como o pôquer, nos quais é importante que os outros não vejam as suas cartas.

4 SCHUG et al., "Emotional Expressivity as a Signal of Cooperation".

5 Embora não possamos presumir que a ausência dessa narração indique um estado não cooperativo, a presença dela é instrutiva.

6 No protocolo de interrogatório, isso é feito dando um pequeno passo na direção da pessoa. Ao invadir ligeiramente seu espaço físico, você a força a adotar uma postura mais defensiva em termos psicológicos.

7 Ao ser acusado de abuso sexual, o suspeito declara com convicção "Eu tenho duas filhas", como se disso pudesse se presumir que ele jamais cometeria um crime tão hediondo. Seu raciocínio é tão absurdo quanto um suspeito de ter assaltado um banco dizer que tem respeito demais pelo dinheiro para roubar de outra pessoa. Esteja atento às "provas de inocência" que não provam nada.

8 Se uma mesma pergunta for feita repetidas vezes à pessoa – o que costuma acontecer durante um testemunho ou um depoimento –, então as declarações autorreferentes não devem ser interpretadas como uma tentativa de induzir ao erro.

7. A ARTE DE LER UM BLEFE

1. CARNEY, D. R. et al. "Power Posing: Brief Nonverbal Displays Affect Neuroendocrine Levels and Risk Tolerance", *Psychological Science*, vol. 21, n. 10, 2010, pp. 1363-8. DOI: 10.1177/0956797610383437.

2. BRIÑOL, P. et al. "Body Posture Effects on Self-Evaluation: A Self--Validation Approach", *European Journal of Social Psychology*, vol. 39, n. 6, 2009, pp. 1053-64.

3. O raciocínio não é completamente falho porque existe um fenômeno chamado *regressão à média*.

4. Esses insights – sobre gerenciamento de impressões – já chegaram aos materiais informativos do Departamento de Segurança Interna dos Estados Unidos. *The FBI Law Enforcement Bulletin*, vol. 70, n. 7. Washington, D.C.: FBI, jul. 2001. Disponível em: www.hsdl.org/?abstract&did=447482. Acesso em: 17 nov. 2020.

5. Alguém recebe uma ligação: "Tem uma bomba no seu prédio!" Embora essa ameaça deva sempre ser levada a sério, a probabilidade de haver uma bomba de fato é pequena em termos estatísticos. Aliás, 99,9% de todas as ameaças de bomba feitas por telefone são apenas isto: ameaças. A intenção de quem liga é provocar ansiedade e pânico.

6. BECKER, Gavin de. *The Gift of Fear: Survival Signals that Protect Us from Violence*. Nova York: Little, Brown, 1997.

8. INVENTANDO HISTÓRIAS: ÁLIBIS E PAPOS FURADOS

1. O medo intenso não está sujeito ao tempo. Quando uma pessoa se lembra de um momento traumático e os mesmos sentimentos negativos emergem, a resposta de lutar, fugir ou paralisar é ativada como se aquilo estivesse acontecendo em tempo real. Da mesma forma, detalhes vívidos podem estar ausentes devido ao mecanismo inconsciente de enfrentamento, a dissociação. Ver JACOBS-KAYAM, A. & LEV-WIESEL, R. "In Limbo: Time Perspective and Memory Deficit among Female Survivors of Sexual Abuse", *Frontiers in Psychology*, abr. 2019. DOI: 10.3389/fpsyg.2019.00912.

2   Em determinadas circunstâncias, todos os pedidos e comandos devem ser formulados em linguagem positiva para que haja maior engajamento. Por exemplo, a uma criança pequena que está deixando cair leite do copo, é melhor dizer "Segure o copo direito" ou "Sirva mais devagar" em vez de "Não vire o copo" ou "Não tão rápido". Agentes da lei também são treinados para emitir comandos como "Parado" em vez de "Não se mexa" e "Fique abaixado" em vez de "Não se levante".

3   LIEBERMAN, David J. *Never Be Lied to Again: How to Get the Truth in Five Minutes or Less in Any Conversation or Situation*. Nova York: St. Martin's Press, 1998.

9. OS TRUQUES NA MANGA

1   KUHN, G. et al. "A Psychologically-Based Taxonomy of Misdirection", *Frontiers in Psychology*, vol. 5, 2014, p. 1392. DOI: 10.3389/fpsyg.2014.01392.

2   TVERSKY, Amos & KAHNEMAN, Daniel. "Availability: A Heuristic for Judging Frequency and Probability", *Cognitive Psychology*, vol. 5, n. 2, 1973, pp. 207-32. DOI: 10.1016/0010-0285(73)90033-9.

3   CIALDINI, Robert B. *Influence: The Psychology of Persuasion*. Nova York: HarperBusiness, 2006, p. 225.

4   BARGH, John A. et al. "Automaticity of Social Behavior: Direct Effects of Trait Construct and Stereotype Activation on Action", *Journal of Personality and Social Psychology*, vol. 71, n. 2, 1996, pp. 230-44.

5   LIEBERMAN, David J. *Never Be Lied to Again: How to Get the Truth in Five Minutes or Less in Any Conversation or Situation*. Nova York: St. Martin's Press, 1998.

6   WU Youyou et al. "Birds of a Feather Do Flock Together: Behavior-Based Personality Assessment Method Reveals Personality Similarity among Couples and Friends", *Psychological Science*, vol. 28, n. 3, 2017, pp. 276-84. DOI: 10.1177/0956797616678187.

7   DRACHMAN, D. et al. "The Extra Credit Effect in Interpersonal

Attraction", *Journal of Experimental Social Psychology*, vol. 14, n. 5, 1978, pp. 458-65.

8 KONNIKOVA, Maria. *The Confidence Game: Why We Fall for It... Every Time*. Nova York: Viking, 2016.

9 Ibid.

10 CIALDINI, Robert B. *Pre-suasion: A Revolutionary Way to Influence and Persuade*. Nova York: Simon & Schuster, 2018, p. 7.

10. UMA ESPIADA NA PERSONALIDADE E NA SAÚDE MENTAL

1 WEINTRAUB, Walter. *Verbal Behavior: Adaptation and Psychopathology*. Nova York: Springer, 1981.

2 Transtorno de personalidade é um modo de pensar, sentir e agir que se desvia das expectativas culturais, provoca angústia ou afeta a funcionalidade da pessoa, e que perdura. Ver Manual Diagnóstico e Estatístico de Transtornos Mentais, 5ª ed. (DSM-5). Virgínia: American Psychiatric Association, 2013.

3 Quando o ego é alimentado com poder, controle, dinheiro ou outro combustível semelhante, geralmente ficamos de bom humor, e assim nossa postura e nosso comportamento mudam temporariamente, emulando uma pessoa com maior autoestima.

4 A natureza de homens e mulheres, composta por influências culturais, é atestada em diferenças linguísticas – mulheres tendem a usar uma linguagem que é, em média, mais passiva e educada. Se a saúde emocional de uma pessoa estiver gravemente comprometida, a trajetória é consistente com os resultados que mostram que as mulheres são aproximadamente duas vezes mais propensas do que os homens a sofrer de depressão.

5 Em contrapartida, essa linguagem também pode ilustrar um segurança que está falando com uma pessoa de status mais elevado que o dele. Mesmo que o segurança detenha a autoridade para proibir a entrada em uma área específica, ele se comporta de modo condizente com a hierarquia e, portanto, usa uma linguagem respeitosa.

6   AUGUSTINE, A. A. et al. "A Positivity Bias in Written and Spoken English, and Its Moderation by Personality and Gender", *Social Psychology and Personality Science*, vol. 2, n. 5, 2011, pp. 508-15; e YARKONI, T. "Personality in 100,000 Words: A Large-Scale Analysis of Personality and Word Use among Bloggers", *Journal of Research in Personality*, vol. 44, n. 3, 2010, pp. 363-73. DOI: 10.1016/j.jrp.2010.04.001.

7   YARKONI, "Personality in 100,000 Words".

8   SCHWARTZ, H. A. et al. "Toward Personality Insights from Language Exploration in Social Media", AAAI 2013 Spring Symposium Series: Analyzing Microtext, Stanford, CA, 2013.

9   Ibid.

10 Ibid.

11 No Capítulo 14 vamos ver que, ao avaliarmos a saúde emocional, muitas vezes procuramos o meio-termo, ou seja, equilíbrio e moderação. Dizer *obrigado* quando apropriado e necessário é um indício de saúde mental. Mas o uso excessivo de *obrigado* é tão problemático quanto sua ausência completa.

12 LEWIS, C. S. *Reflections on the Psalms*. Nova York: Harcourt, Brace, 1958, pp. 93-7.

13 Descobertas mostram que a gratidão também pode reduzir a frequência, a duração e a intensidade dos episódios depressivos. Isso ocorre porque dar e agradecer (que é também uma forma de dar – dar gratidão) redireciona nossa atenção para fora de nós mesmos. Quando buscamos formas de agradecer em vez de ceder ao nosso impulso provavelmente mais natural de reclamar, rompemos a rede neural de raiva, frustração e ressentimento. Ver WOOD, A. M. et al. "Gratitude Uniquely Predicts Satisfaction with Life: Incremental Validity above the Domains and Facets of the Five Factor Model", *Personality and Individual Differences*, vol. 45, n. 1, 2008, pp. 49-54.

11. IDENTIDADE NARRATIVA: COMO LER CORAÇÕES E MENTES

1   Eles estão julgando você? Acham que você é idiota? Pode ser. Entenda, porém, que todos nós vemos o mundo através das lentes com as quais precisamos vê-lo. Você faz isso. Eles fazem isso. Todo mundo faz isso. Suas próprias coisas forçam a narrativa sobre você. Se sua autoestima é saudável, então seus pensamentos são compassivos e carecem de julgamento. O ego julga para confirmar sua própria narrativa. De outra maneira, a pessoa teria apenas empatia com você – e o amaria e aceitaria, e perceberia que suas atitudes são em grande parte um produto da sua natureza. Em outras palavras, ela sentiria sua dor e tentaria não afetá-la ainda mais.

2   KAHNEMAN, Daniel. *Rápido e devagar: Duas formas de pensar*, trad. Cássio de Arantes Leite. Rio de Janeiro: Objetiva, 2012.

3   Poucas interações são imunes a isso. Pesquisas descobriram que a personalidade do próprio médico pode prejudicar sua capacidade de avaliar com precisão os distúrbios psicológicos. Dito de outro modo, a análise dele ecoa aspectos de sua personalidade. Médicos classificados como ansiosos eram mais propensos a dar diagnósticos de ansiedade ou depressão. Ver DUBERSTEIN, Paul R. et al. "Physician Personality Characteristics and Inquiry about Mood Symptoms in Primary Care", *Journal of General Internal Medicine*, vol. 23, n. 11, 2008, pp. 1791-5.

4   WOOD, D. et al. "Perceiver Effects as Projective Tests: What Your Perceptions of Others Say about You", *Journal of Personality and Social Psychology*, vol. 99, n. 1, 2010, pp. 174-90.

5   Ibid.

6   SMOKE Alarms Using Mother's Voice Wake Children Better than High--Pitch Tone Alarms, release, Nationwide Children's. Disponível em: www.nationwidechildrens.org/newsroom/news-releases/2018/10/smoke-alarm-study. Acesso em: 30 ago. 2019.

7   O SAR regula a atenção e a excitação, e dita aquilo que consideramos significativo. Portanto, nossa antena está aberta tanto ao que tememos quanto ao que desejamos. Por exemplo, o guia de um safári está sintonizado com as pessoas em seu passeio (desejo de garantir o bem-estar delas), bem como com ameaças em potencial (devido ao medo).

8 ADLER, Jonathan M. et al. "The Distinguishing Characteristics of Narrative Identity in Adults with Features of Borderline Personality Disorder: An Empirical Investigation", *Journal of Personality Disorders*, vol. 26, n. 4, 2012, pp. 498-512.

9 McADAMS, D. P. et al. "Stories of Commitment: The Psychosocial Construction of Generative Lives", *Journal of Personality and Social Psychology*, vol. 72, n. 3, 1997, pp. 678-94. DOI: 1997-07966-018.

12. ATIVANDO A LINHA DEFENSIVA

1 A notável exceção é a pessoa submissa que está sempre se desculpando, mesmo quando não tem culpa. Devido à sua autoestima extremamente baixa, ela não se sente digna o suficiente para se defender e cede ou a sentimentos de culpa e vergonha deslocados, ou ao medo da desconexão ou à retribuição emocional.

2 SZASZ, Thomas. *The Untamed Tongue: A Dissenting Dictionary*. La Salle, Illinois: Open Court, 1990.

3 Podemos adotar esse raciocínio em um nível bem amplo, muitas vezes culpando nossos pais pelos problemas que temos hoje, insistindo que eles fizeram tudo deliberadamente. Não incluímos na equação, ao analisar o comportamento deles em relação a nós, a criação que eles receberam. Isso se mantém em relação aos nossos filhos, quando somos os únicos que são um produto do meio, tendo nossas escolhas sido ditadas exclusivamente pela nossa criação, ao passo que todas as pessoas ao nosso redor escolhem se comportar da maneira como se comportam.

4 Não assumimos uma falha de caráter em nós mesmos – "Não ligo para os outros" ou "Sou mesmo um babaca" – a menos que a nossa autoimagem inclua esse traço, caso em que nossas ações se tornam como que uma medalha de honra e dizemos "Eu sou assim".

5 Quanto mais nos aceitamos, mais aceitamos os outros. As áreas em que não nos aceitamos ficam patentes em nossa intolerância aos outros, que muitas vezes se manifesta na criação dos filhos. Não é raro que um pai ou uma mãe se sintam mais frustrados com o filho que é

mais parecido com eles. É como se a criança fosse um reflexo daquilo que os pais são incapazes de aceitar em si mesmos.

6   JAFFE, J. "Communication Networks in Freud's Interview Technique", *Psychiatric Quarterly*, vol. 32, n. 3, 1958, pp. 456-73. DOI: 10.1007/BF01563516.

7   Ibid.

13. O SIGNIFICADO DOS VALORES

1   Muitas vezes a sensação de dor é maior quando nos sentimos desrespeitados por uma pessoa inteligente, rica ou atraente. Por causa do ego, acreditamos que esse indivíduo tem mais valor e, portanto, o tratamento que ele nos dispensa é de maior relevância.

2   LEWIS, C. S. *Reflections on the Psalms*. Nova York: Harcourt, Brace, 1958, pp. 93-7.

3   FRANKL, Viktor E. *The Unheard Cry for Meaning: Psychotherapy and Humanism*. Nova York: Simon & Schuster, 1978; e FREUD, Sigmund. *Civilization and Its Discontents*, trad. J. Strachey. Nova York: W. W. Norton, 1961.

4   SCHMUCK, Peter et al. "Intrinsic and Extrinsic Goals: Their Structure and Relationship to Well-Being in German and U.S. College Students", *Social Indicators Research*, vol. 50, n. 2, 2000, pp. 225-41.

5   MASLOW, Abraham H. *Motivation and Personality*. Nova York: Harper & Row, 1954, p. 46. Sem o conhecimento de muitos, em seus últimos anos Maslow alterou seu modelo de cinco níveis para incluir um sexto: a autotranscendência, um nível superior à autorrealização. Ele escreve: "O eu só encontra sua realização ao se entregar a algum objetivo superior externo, no altruísmo e na espiritualidade." Ver MASLOW, Abraham H., "The Further Reaches of Human Nature", *Journal of Transpersonal Psychology*, vol. 1, n. 1, 1969, pp. 1-9.

14. O FATOR RESILIÊNCIA

1. RESNIK, P. et al. "The University of Maryland CLPsych 2015 Shared Task System", *Proceedings of the Second Workshop on Computational Linguistics and Clinical Psychology: From Linguistic Signal to Clinical Reality*, 2015, pp. 54-60. DOI: 10.3115/v1/W15-1207.

2. DICHTER, Ernest. *Handbook of Consumer Motivations: The Psychology of the World of Objects*. Nova York: McGraw-Hill, 1964.

3. Quando temos que escolher entre uma recompensa menor, mas imediata, ou uma maior, mas postergada, a inquietação emocional nos faz pender para a primeira opção. Ver MISCHEL, W. et al. "Cognitive and Attentional Mechanisms in Delay of Gratification", *Journal of Personality and Social Psychology*, vol. 21, n. 2, 1972, pp. 204-18.

4. Isaías 22,13.

5. A diferença é que, em um encontro, uma negociação, uma entrevista ou afim, a ansiedade é inversamente proporcional ao nível de confiança e interesse de uma pessoa. Isso significa que quanto menos confiante uma pessoa se sente e quanto mais ela quer "aquilo", mais ansiosa ficará. Quando se trata de fatores de estresse cotidianos, a pessoa menos confiante (e, portanto, que carece de autonomia – a crença de que pode ser eficaz) e que supostamente deseja ter sucesso ficará mais ansiosa. Uma evidência disso é que uma pessoa com depressão grave apresenta muito pouca ou nenhuma ansiedade em situações emblemáticas de estresse, porque simplesmente não se importa. Embora tenha baixo grau de confiança, também tem zero interesse na vida em si.

6. MARLATT, G. Alan & GORDON, Judith R. (orgs.). *Relapse Prevention: Maintenance Strategies in the Treatment of Addictive Behaviors*. Nova York: Guilford Press, 1985; e SINHA, R. "Modeling Stress and Drug Craving in the Laboratory: Implications for Addiction Treatment Development", *Addiction Biology*, vol. 14, n. 1, 2009, pp. 84-98.

7. SINHA, R. "The Role of Stress on Addiction Relapse", *Current Psychiatry Reports*, vol. 9, n. 5, 2007, pp. 388-95; e WITKIEWITZ, K. & VILLARROEL, N. A. "Dynamic Association between Negative Affect

and Alcohol Lapses Following Alcohol", *Journal of Consulting and Clinical Psychology*, vol. 77, n. 4, 2009, pp. 633-44.

8   VINSON, D. C. & ARELLI, V. "State Anger and the Risk of Injury: A Case-Control and Case-Crossover Study", *Annals of Family Medicine*, vol. 4, n. 1, 2006, pp. 63-8.

9   GLASSER, William. *Reality Therapy: A New Approach to Psychiatry*. Nova York: Harper Perennial, 1975.

10 MERIKANGAS, K. R. et al. "Comorbidity and Co-transmission of Alcoholism, Anxiety and Depression", *Psychological Medicine*, vol. 24, n. 1, 1994, pp. 69-80. DOI: 10.1017/S0033291700026842.

15. EM BUSCA DA SANIDADE

1   ADLER, J. M. et al. "Variation in Narrative Identity Is Associated with Trajectories of Mental Health over Several Years", *Journal of Personality and Social Psychology*, vol. 108, n. 3, 2015, pp. 476-96. DOI: 10.1037/a0038601.

2   MCADAMS, D. P. et al. "When Bad Things Turn Good and Good Things Turn Bad: Sequences of Redemption and Contamination in Life Narrative and Their Relation to Psychosocial Adaptation in Midlife Adults and in Students", *Personality and Social Psychology Bulletin*, vol. 27, n. 4, 2001, pp. 474-85.

3   Quanto mais precária a saúde emocional de uma pessoa, maior a probabilidade de uma experiência ser maculada por um acontecimento não diretamente relacionado a ela. A chuva que "estragou" todo o piquenique é causal, mas receber uma multa por excesso de velocidade na volta para casa depois de um piquenique em um dia ensolarado faz com que o piquenique seja retroativamente tachado como "ruim".

4   Ressignificar um obstáculo como trampolim não tem a ver com enxergar as coisas através de uma lente cor-de-rosa, mas enxergá-las de outra forma. A experiência é uma função da perspectiva, e com uma nova perspectiva surge um novo contexto e, consequentemente, um novo significado.

5 TOMKINS, S. S. "Script Theory". Em: ARONOFF, J. et al. (org.). *The Emergence of Personality*. Nova York: Springer, 1987, pp. 147-216.

6 OBRĘBSKA, Monika & ZINCZUK-ZIELAZNA, Joanna. "Explainers as an Indicator of Defensive Attitude to Experienced Anxiety in Young Women Differing in Their Styles of Coping with Threatening Stimuli", *Psychology of Language and Communication*, vol. 21, n. 1, 2017, pp. 34-50. DOI: 10.1515/plc-2017-0003.

7 O pensamento do tipo "tudo ou nada" é chamado de *clivagem*, um mecanismo de defesa caracterizado pela polarização de ações, valores e crenças. Se alguém é incapaz de tolerar tons de cinza opostos (por exemplo, pessoas decentes e morais podem, às vezes, agir de forma errada; nem toda oportunidade é ou "imperdível" ou um "golpe descarado"; nem tudo está arruinado porque uma coisa não saiu perfeita), o mundo não só é diligentemente categorizado como também rotulado em extremos.

8 A linguagem absoluta também é encontrada em pessoas que estão se recuperando da depressão (o que significa que ainda são vulneráveis ou suscetíveis), mas o conteúdo do discurso é mais positivo. Ver AL-MOSAIWI, M. & JOHNSTONE, T. "In an Absolute State: Elevated Use of Absolutist Words Is a Marker Specific to Anxiety, Depression, and Suicidal Ideation", *Clinical Psychological Science*, vol. 6, n. 4, 2018, pp. 529-42. DOI: 10.1177/2167702617747074.

9 Os atributos e a linguagem de pessoas emocionalmente instáveis costumam ser caracterizados como comportamentos de imaturidade emocional. Em outras palavras, elas se comportam como você esperaria que uma criança se comportasse – fazendo birra de repente, tendo um rompante de exibicionismo, apresentando mudanças radicais de humor e insistindo em uma visão absoluta dos eventos, do tipo preto no branco. Logo, as técnicas usadas para avaliar a estabilidade emocional de uma pessoa se aplicam apenas a adultos. Crianças são egocêntricas por natureza; é normal que elas vejam o mundo através das lentes do "eu". O egocentrismo natural e a perspectiva limitada de uma criança fazem parte de um panorama emocional normal e até mesmo saudável. Por esse motivo, crianças normalmente não são diagnosticadas com transtornos de personalidade.

10 PETERS, H. "Degree Adverbs in Early Modern English", *Studies in Early Modern English*, vol. 13, 1994, pp. 269-88.

11 AL-MOSAIWI & JOHNSTONE, "In an Absolute State".

12 Esse estado pode ser induzido por algo completamente não relacionado, e o humor da pessoa afetou seu comportamento ou o estado pode ser uma função de um ponto de inflamação emocional, caso em que a intensidade se deve à paixão presente na situação. Entretanto, mais uma vez, nada disso fala especificamente sobre traços de personalidade.

13 Todos nós temos nossos pontos cegos, áreas da vida em que não vemos o que para outros é óbvio. Achamos ridículo quando os outros agem de maneira irracional, mas só porque os pontos cegos deles são diferentes dos nossos. Somos igualmente irracionais – mais ainda, na verdade, se optarmos por não aceitar esse fato e, em vez disso, ficarmos com raiva quando o outro não entende nosso ponto de vista. A saúde emocional permite que haja empatia porque o ego não precisa se fortalecer por meio da raiva e da animosidade. Podemos acreditar que uma pessoa está confusa, que é ignorante e sem dúvida está errada, mas são o ego e as inseguranças subjacentes que atiçam a brasa do medo até despertar a raiva desmedida. Em outras palavras, podemos identificar uma injustiça e nos apaixonar por uma causa, e nesse caso avançamos racional e produtivamente; porém, quando o ego entra em cena, a raiva e a animosidade tomam conta do raciocínio. Ninguém nunca terminou uma conversa pensando: *Queria ter ficado mais irritado; teria sido capaz de me controlar muito melhor.*

14 Quando alguém acredita fortemente em alguma coisa, mesmo os mais saudáveis às vezes se tornam apaixonados e enfáticos. Achamos que os outros deveriam ver as coisas da mesma forma que nós. É claro que não há nada de errado com isso. Cruzamos a linha da boa saúde emocional quando tudo é colocado na cesta do "Se não for do meu jeito eu não quero". Uma pessoa que age assim não é capaz de questionar a si mesma, o que significa que ninguém mais pode. Isso não acontece apenas em termos de política e religião, mas de qual sabor de sorvete é "o melhor". Essa pessoa é hipersensível e se ofende facilmente e com praticamente qualquer coisa e qualquer um que se atreva a ver as coisas de forma diferente da dela. Por essa razão, uma interação boa revela muita coisa sobre a saúde emocional de uma pessoa, porque

não há um ego superinflado em risco. Quanto mais significativa a situação, mais provável que surjam ramificações com o mundo real e, assim, que sejam oferecidas justificativas lógicas para a pessoa bater o pé e defender seu raciocínio.

16. A PSICOLOGIA DA AUTOESTIMA

1 ROSENTHAL, Seth. "The Fine Line between Confidence and Arrogance: Investigating the Relationship of Self-Esteem to Narcissism", *Dissertation Abstracts International*, vol. 66, n. 5-B, 2005, p. 2868.

2 RYAN, D. S. "Self-Esteem: An Operational Definition and Ethical Analysis", *Journal of Psychology and Theology*, vol. 11, n. 4, 1983, pp. 295-302.

3 Vamos dissecar os elementos psicológicos por meio de uma parábola. Imagine que um rei permita que você viva em seu palácio. Ele designa seus melhores servos para atender a todos os seus caprichos, seus melhores alfaiates para encher seus armários de roupas e seus melhores cozinheiros para preparar seus pratos favoritos. Você seria capaz de pensar em pedir mais coisas? Não ficaria constrangido em pedir um tecido mais delicado ou um travesseiro mais fofo? Isso é humildade. A humildade vem de perceber que tudo que você tem, qualquer coisa, é mais rico do que você pode imaginar. Quando você vive com essa consciência, se enche de gratidão, transborda de abundância e não consegue mais pensar em receber, apenas em dar.

4 A mentalidade arrogante olha para o ganho líquido da sua autoestima, ou seja, "o que eu acrescentei a mim mesmo que me torna mais valioso". Por exemplo, um vendedor pode ouvir cem nãos durante um dia, mas se concentra no único sim que resultou em uma venda. O outro tipo de pessoa se sente ferido pela rejeição. Ela se sente menos digna e, portanto, depois de receber alguns nãos, o sofrimento é demais para ela. Isso não quer dizer que a primeira pessoa seja emocionalmente mais saudável, apenas que as rejeições não são tão assustadoras quanto o medo de não ganhar dinheiro, que ela acredita que a torna mais valiosa.

5 ADAMS, J. M. et al. "Why Do Narcissists Disregard Social-Etiquette Norms? A Test of Two Explanations for Why Narcissism Relates to

Offensive-Language Use", *Personality and Individual Differences*, vol. 58, 2014, pp. 26-30.

6   Ibid.

7   Ibid.

8   HOLTZMAN, N. S. et al. "Linguistic Markers of Grandiose Narcissism: A LIWC Analysis of 15 Samples", *Journal of Language and Social Psychology*, vol. 38, n. 5-6, 2019, pp. 773-86. DOI: 10.1177/0261927X19871084.

9   Ibid.

10 CAMPBELL, W. K. et al. "Narcissism, Self-Esteem, and the Positivity of Self-Views: Two Portraits of Self-Love", *Personality and Social Psychology Bulletin*, vol. 28, n. 3, 2002, pp. 358-68.

11 CHENG, J. T. et al. "Are Narcissists Hardy or Vulnerable? The Role of Narcissism in the Production of Stress-Related Biomarkers in Response to Emotional Distress", *Emotion*, vol. 13, n. 6, 2013, pp. 1004-11. DOI: 10.1037/a0034410.

12 OBRĘBSKA, Monika & ZINCZUK-ZIELAZNA, Joanna. "Explainers as an Indicator of Defensive Attitude to Experienced Anxiety in Young Women Differing in Their Styles of Coping with Threatening Stimuli", *Psychology of Language and Communication*, vol. 21, n. 1, 2017, pp. 34-50. DOI: 10.1515/plc-2017-0003.

13 Uma pessoa que teoricamente tenha 100% de autoestima não teria nenhuma vontade, nenhuma necessidade de controlar nada nem ninguém. Ela percebe que a única coisa sobre a qual realmente tem controle são as suas escolhas – sua capacidade de exercer autocontrole. Embora nosso objetivo final seja a conexão, o medo gerado pelo ego corrompe o processo e faz com que exijamos o controle, porque isso nos diz que o verdadeiro "eu" não é amado nem digno de amor e de conexão.

14 Embora qualquer insegurança possa tornar uma pessoa mais tímida ou retraída, também pode dar origem a uma necessidade de compensação por meio da superação. Ver BUTLER-BOWDON, Tom. *50 Psychology Classics*. Nova York: Nicholas Brealey, 2007.

15 Cheia de vergonha, nossa voz interior diz: *Sou menos*. Isso é um reflexo da dolorosa crença de que não somos dignos de amor nem de aceitação – e, por extensão, tudo que amamos não é seguro nem garantido. Inconscientemente, pensamos: *Meu verdadeiro eu não é digno de conexão. Vou assumir o papel de alguém que é mais amável, para que eu seja amado.*

16 A dinâmica psicológica em jogo nos ajuda a entender a maldição do estrelato infantil. Quando a celebridade se depara com a fama repentina, a lacuna entre seu eu autêntico e sua personalidade pública é enorme. *Será que eles continuariam me amando se me conhecessem de verdade?* De forma análoga, podemos entender melhor por que as pessoas que conquistam a fama da noite para o dia muitas vezes se despedaçam emocionalmente – porque quanto maior o ego ou a imagem e menos autêntico o indivíduo, mais exposto e vulnerável ele se sente, o que gera ansiedade e, muitas vezes, leva à depressão.

17 Sabemos que, se uma criança não sente que está recebendo atenção positiva adequada, ela fará o que for preciso para obter atenção negativa. Sua necessidade de conexão, de se sentir ouvida e ser significativa é maior do que seu desejo de ser vista como um bom menino ou uma boa menina. Embora ser "chato" ou "difícil" não aprimore as conexões, como expliquei, essa psique egocêntrica não pode deixar de manifestar traços negativos oriundos da arrogância, que sem dúvida levarão à rejeição e à desconexão. Padrão em muitas crianças, essa rota emocionalmente imatura busca a conexão por qualquer meio que seja.

18 O ego pode recorrer a toda e qualquer extensão concebível e inconcebível para manter a autonomia, o que traz a ilusão de controle. (Em um caso extremo, pode nos levar a tirar a vida de outra pessoa ou a nossa.) Se uma pessoa tem um transtorno de personalidade (narcisista ou esquizofrênico paranoide, por exemplo) ou um transtorno emocional (como o transtorno obsessivo-compulsivo ou a anorexia nervosa), tudo gira em torno do controle.

17. DESMASCARANDO OS TRANSTORNOS DE PERSONALIDADE

1 A maioria dos sociopatas é extremamente inteligente e funcional, enquanto os psicopatas são tipicamente menos inteligentes e menos preparados para se adaptar aos desafios da vida. Os sociopatas também são mais capazes de controlar a raiva súbita, o que faz com que seja mais difícil identificá-los e, consequentemente, com que sejam mais perigosos.

2 Em termos estatísticos, os homens são seis vezes mais propensos do que as mulheres a sofrer desse distúrbio, e a maioria das pessoas apresenta sintomas a partir dos 12 anos.

3 CLECKLEY, Hervey M. *The Mask of Sanity: An Attempt to Reinterpret the So-Called Psychopathic Personality*. St. Louis: C. V. Mosby, 1941.

4 Apesar de transcender as emoções típicas, é um mito que o sociopata não tem medo. Ele experimenta as chamadas protoemoções, instintos básicos que permitem breves rompantes de raiva ou fúria quando se sente dominado e desamparado.

5 Quando uma pessoa vê uma imagem que a choca ou assusta, a reação de lutar, fugir ou paralisar é ativada e suas pupilas se dilatam. Isso não acontece com um sociopata porque sua resposta fisiológica à ameaça é menor, quando não inexistente. Suas pupilas não se dilatam, e isso é um marcador físico visível dessa condição. Ver BURLEY, D. T. et al. "Emotional Modulation of the Pupil Response in Psychopathy", *Personality Disorders: Theory, Research, and Treatment*, vol. 10, n. 4, 2019, pp. 365-75. DOI: 10.1037/per0000313.

6 Confie nos seus instintos! Uma pesquisa descobriu que 77,3% das pessoas que entrevistaram um psicopata adulto relataram uma reação fisiológica (sensação de formigamento na pele, dificuldade de respirar, músculos retesados). Ver MELOY, J. R. "Pathologies of Attachment, Violence, and Criminality". Em: GOLDSTEIN, Alan M. (org.). *Handbook of Psychology*, vol. 11. Nova York: Wiley, 2002, pp. 509-26.

7 Esses comportamentos são observados naqueles que ainda não assumiram o controle da pessoa ou da situação. Sociopatas que já estão em uma posição de poder são extremamente perigosos no ambiente de trabalho. São como um tumor para a cultura positiva e cooperativa – eles

prosperam em meio ao conflito e lançam mão deliberadamente da manipulação e da dissimulação. Aqueles no topo, que não precisam responder a ninguém, são extremamente implacáveis.

8 O *gaslighting* é uma tática comumente empregada por quem sofre de um transtorno de personalidade, tanto em relacionamentos pessoais quanto profissionais. Por meio da manipulação, da evasão e da agressão dissimulada, as vítimas são levadas a questionar sua percepção da realidade – a duvidar de si mesmas e dos seus pensamentos – e muitas vezes se sentem confusas, desajustadas e deprimidas. Com seu senso de realidade e sua identidade minados, elas podem começar a achar que estão enlouquecendo.

9 CROSSLEY, A. & LANGDRIDGE, D. "Perceived Sources of Happiness: A Network Analysis", *Journal of Happiness Studies*, vol. 6, n. 2, 2005, pp. 107-35.

18. REFLEXOS DOS RELACIONAMENTOS

1 GLASSER, William. *Reality Therapy: A New Approach to Psychiatry*. Nova York: Harper Perennial, 1975.

2 À medida que a autoestima baixa, convoca o ego a entrar em cena; a arrogância que daí resulta dá origem a um caráter e a um temperamento que não se prestam a interações saudáveis. Em vez de promover traços que permitem maior conexão (por exemplo, humildade, bondade, vulnerabilidade, autenticidade), o egocentrismo evoca todos os traços de personalidade que tipicamente afastam as pessoas e provocam desconexão (julgar, condenar, criticar ou discutir).

3 Empatia é a capacidade de compartilhar as emoções e as dores do outro em vez de simplesmente sentir pena. A pessoa com empatia se sente feliz em saber dos problemas dos outros, porque deseja com sinceridade aliviar o sofrimento alheio.

4 Ver KRUEGER, R. et al. "Altruism and Antisocial Behavior: Independent Tendencies, Unique Personality Correlates, Distinct Etiologies", *Psychological Science*, vol. 12, n. 5, 2001, pp. 397-403.

5 Uma pessoa que busca atenção pela atenção é visivelmente egocêntrica,

mas as que preferem passar discretamente não necessariamente são livres de ego. Elas podem ter medo de receber qualquer atenção que seja, o que indica uma personalidade evitativa – quando na verdade, devido à personalidade ou a uma patologia, a manifestação do ego as força a se esconder em vez de ser o centro das atenções.

6 É importante ressaltar mais uma vez que nossa avaliação geral não deve se basear em sinais ou situações isolados. Existem pessoas boas e decentes que são apenas distraídas e podem se esquecer de devolver o que pediram emprestado. Pessoas podem, de modo compreensível, mentir para proteger sua privacidade ou evitar constrangimentos ou exposição ao risco. Mentiras inofensivas, como dizer à esposa que o novo corte de cabelo dela ficou ótimo, mesmo que você o tenha detestado, são apropriadas, saudáveis e, a maior parte das pessoas diria, inteligentes. Além disso, mentir por omissão, não revelando uma verdade que possa provocar conflito entre terceiros, é também uma atitude responsável. Já a franqueza ou a sinceridade extremas às custas de outra pessoa, demonstrando pouca ou nenhuma sensibilidade a qualquer sofrimento que seja causado, indicam que a pessoa carece de empatia e perspectiva.

19. OS ALTOS E BAIXOS (E MÉDIOS) DO SOFRIMENTO

1 DAVIS, D. & BROCK, T. C. "Use of First Person Pronouns as a Function of Increased Objective Self-Awareness and Performance Feedback", *Journal of Experimental Social Psychology*, vol. 11, n. 4, 1975, pp. 389-400.

2 LEE, L. A. et al. "Attachment Anxiety, Verbal Immediacy, and Blood Pressure: Results From a Laboratory Analog Study Following Marital Separation", *Personal Relationships*, vol. 18, n. 2, 2011, pp. 285-301.

3 ALDAO, A. et al. "Emotion-Regulation Strategies across Psychopathology: A Meta-Analytic Review", *Clinical Psychology Review*, vol. 30, n. 2, 2010, pp. 217-37. DOI: 10.1016/j.cpr.2009.11.004; MOR, N. & WINQUIST, J. "Self-Focused Attention and Negative Affect: A Meta--Analysis", *Psychological Bulletin*, vol. 128, n. 4, 2002, pp. 638-62. DOI: 10.1037/0033-2909.128.4.638; e WATKINS, E. & BROWN, R. G. "Rumination and Executive Function in Depression: An Experimental

Study", *Journal of Neurology, Neurosurgery and Psychiatry*, vol. 72, n. 3, 2002, pp. 400-2. DOI: 10.1136/jnnp.72.3.400.

4   A serotonina é um neurotransmissor encontrado no cérebro. Está envolvida no funcionamento motor, no controle do apetite e do sono e na regulação hormonal. Estudos mostraram que o estresse causa uma absorção excessiva de serotonina. Em condições de exposição contínua ao estresse, essa alta taxa de rotatividade provoca uma queda drástica nos níveis de serotonina, o que pode resultar em depressão. Ver ANISMAN, H. & ZACHARKO, R. "Depression: The Predisposing Influence of Stress", *Behavioral and Brain Sciences*, vol. 5, n. 1, 1982, pp. 89-137.

5   KAHNEMAN, Daniel. *Rápido e devagar: duas formas de pensar*, trad. Cássio de Arantes Leite. Rio de Janeiro: Objetiva, 2012.

6   O "nós" que pensa sobre isso é o ego, que filtra nossos pensamentos através das lentes do medo e da insegurança.

7   BUCCI, W. & FREEDMAN, N. "The Language of Depression", *Bulletin of the Menninger Clinic*, vol. 45, n. 4, 1981, pp. 334-58; e WEINTRAUB, Walter. *Verbal Behavior: Adaptation and Psychopathology*. Nova York: Springer, 1981.

8   TOWNSEND, David & SALTZ, Eli. "Phrases vs Meaning in the Immediate Recall of Sentences", *Psychonomic Science*, vol. 29, n. 6, 2013, pp. 381-4. DOI: 10.3758/BF03336607.

9   Ibid.

10 MEHL, M. R. et al. "How Taking a Word for a Word Can Be Problematic: Context-Dependent Linguistic Markers of Extraversion and Neuroticism", artigo apresentado na 11ª Conferência da International Association for Language and Social Psychology, 2008, Tucson, Arizona.

11 RESNIK, P. et al. "The University of Maryland CLPsych 2015 Shared Task System", *Proceedings of the Second Workshop on Computational Linguistics and Clinical Psychology: From Linguistic Signal to Clinical Reality*, 2015, pp. 54-60. DOI: 10.3115/v1/W15-1207.

12 PUSZTAI, A. & BUGÁN, A. "Analysis of Suicide Notes from Persons Committing Completed Suicides", *Psychiatria Hungarica*, vol. 20, n. 4, 2005, pp. 271-80; e GAWDA, B. "The Analysis of Farewell Letters of Suicidal

Persons", *Bulletin de la Société des sciences médicales du Grand-Duché de Luxembourg*, vol. 1, 2008, pp. 67-74.

13 AL-MOSAIWI, M. & JOHNSTONE, T. "In an Absolute State: Elevated Use of Absolutist Words Is a Marker Specific to Anxiety, Depression, and Suicidal Ideation", *Clinical Psychological Science*, vol. 6, n. 4, 2018, pp. 529-42. DOI: 10.1177/2167702617747074.

14 TEASDALE, J. D. et al. "How Does Cognitive Therapy Prevent Relapse in Residual Depression? Evidence From a Controlled Trial", *Journal of Consulting and Clinical Psychology*, vol. 69, n. 3, 2001, pp. 347-57.

15 Ver CAMPBELL, W. Keith et al. "Narcissism, Self-Esteem, and the Positivity of Self-Views: Two Portraits of Self Love", *Personality and Social Psychology Bulletin*, vol. 28, n. 3, 2002, pp. 358-68. Disponível em: http://psp.sagepub.com/content/28/3/358.short. Acesso em: 30 ago. 2016.

16 SILVESTRINI, B. "Trazodone: From the Mental Pain to the 'Dys--stress' Hypothesis of Depression", *Clinical Neuropharmacology*, vol. 12, supl. 1, 1989, pp. S4-10. PMID: 2568177.

17 Médico renomado e pioneiro no tratamento da dor, John Sarno explica que muitas doenças físicas são induzidas inconscientemente para desviar nossa atenção do sofrimento emocional, que é menos controlável, menos administrável. O objetivo disso é distrair deliberadamente o inconsciente, e essas doenças são geradas "para auxiliar no processo de repressão". Ele explica que a dor física não é o despontar de emoções ocultas, mas uma manifestação que visa impedir que tomemos consciência delas. Ver SARNO, John E. *Healing Back Pain: The Mind-Body Connection*. Nova York: Grand Central, 1991; e SARNO, John E. *The Divided Mind: The Epidemic of Mindbody Disorders*. Nova York: ReganBooks, 2006, p. 54.

18 LAUGHLIN, M. & JOHNSON, R. "Premenstrual Syndrome", *101 American Family Physician*, vol. 29, n. 3, 2016, pp. 265-9.

19 WEINTRAUB, *Verbal Behavior*.

20 Como foi dito no Capítulo 5, a *supressão* e a *imobilização* são duas formas pelas quais uma pessoa pode escolher lidar com a raiva e, portanto, ficar *triste* em vez de *maluca*. Qualquer um desses modos

pode desencadear um episódio depressivo, porque se sentir triste é uma maneira poderosa, mas não saudável, de canalizar a ansiedade e conter a raiva. Quando alguém "não está nem aí", não tem como ficar nem ansioso nem com raiva.

21 WEINTRAUB, *Verbal Behavior.*

22 Newsletter internacional de William Glasser, 11 jun. 2013. Acesso em: 11 maio 2019. Glasser estimula fortemente as pessoas a serem cuidadosas com sua linguagem e, em vez disso, a reformularem seu estado emocional de modo a refletir o que está se passando de fato – que estamos ativamente optando por nos deprimir.

23 BANDLER, Richard & GRINDER, John. *The Structure of Magic*. Palo Alto, Califórnia: Science & Behavior Books, 1975.

24 ADLER, J. M. "Living into the Story: Agency and Coherence in a Longitudinal Study of Narrative Identity Development and Mental Health over the Course of Psychotherapy", *Journal of Personality and Social Psychology*, vol. 102, n. 2, 2012, pp. 367-89. DOI: 10.1037/a0025289.

25 ADLER, J. M. & POULIN, M. "The Political Is Personal: Narrating 9/11 and Psychological Well-Being", *Journal of Personality*, vol. 77, n. 4, 2009, pp. 903-32. DOI: 10.1111/j.14676494.2009.00569.x.

26 O estado de espírito mais saudável é aquele em que nos esforçamos ao máximo, mesmo cientes de que não somos os responsáveis – nem temos o controle total – pelo resultado. Isso é bem diferente da pessoa que acha que suas ações não fazem diferença nenhuma para sua felicidade e seu bem-estar.

27 HIROTO, D. "Locus of Control and Learned Helplessness", *Journal of Experimental Psychology*, vol. 102, n. 2, 1974, pp. 187-93.

28 Não surpreende que pessoas demonstrem maior disposição para agir quando se sentem empoderadas do que quando se sentem desamparadas. Ver GALINSKY, A. D. et al. "From Power to Action", *Journal of Personality and Social Psychology*, vol. 85, n. 3, 2003, pp. 453-66. DOI: 10.1037/0022-3514.85.3.453.

29 No extremo, ela sente que não é capaz de conquistar nada relevante para si; então, na busca por um propósito, se contenta em servir ao bem-estar alheio. Embora a postura possa ser a mesma, a motivação é

bem diferente da de pessoas que dedicam sua vida a servir a humanidade. Essas ajudam os outros porque têm compaixão e acreditam que é esse seu propósito na vida. Dedicam-se aos outros às custas de si mesmas.

30 Ver ADLER, Jonathan M. et al. "The Distinguishing Characteristics of Narrative Identity in Adults with Features of Borderline Personality Disorder: An Empirical Investigation", *Journal of Personality Disorders*, vol. 26, n. 4, 2012, pp. 498-512.

31 Isso não quer dizer que esses ou outros transtornos mentais não tenham raízes genéticas ou em conexões inatas que teriam se manifestado independentemente do trauma ou das circunstâncias.

32 A paranoia é uma sensação indesejada e injustificada de que outras pessoas estão tentando lhe causar mal. Preste atenção: a pessoa em questão é excessivamente desconfiada? Muitas vezes interpreta equivocadamente uma atitude gentil como antipática ou hostil? A paranoia leve pode fazer alguém acreditar que os outros a estão insultando, "falando dela" pelas costas ou "tentando enganá-la". Em termos práticos, não há muita razão para preocupação, a menos que chegue a extremos; o pensamento delirante (um passo além da paranoia) soa mais como "Eles querem me matar" ou "Pessoas estão tentando me sequestrar".

33 Em uma apresentação recente no National Institute of Mental Health em Bethesda, Maryland, Guillermo A. Cecchi, do Thomas J. Watson Research Center da IBM, falou sobre como ele e outros pesquisadores estão trabalhando com a linguística computacional para mensurar distúrbios psiquiátricos por meio de gravações.

34 BEDI, G. et al. "Automated Analysis of Free Speech Predicts Psychosis Onset in High-Risk Youths", *NPJ Schizophrenia*, vol. 1, n. 1, art. 15030, 2015. DOI: 10.1038/npjschz.2015.30; e BEARDEN, C. E. et al. "Thought Disorder and Communication Deviance as Predictors of Outcome in Youth at Clinical High Risk for Psychosis", *Journal of the American Academy of Child and Adolescent Psychiatry*, vol. 50, n. 7, 2011, pp. 669-80. DOI: 10.1016/j.jaac.2011.03.021.

35 KILCIKSIZ, C. et al. "M111: Quantitative Assessment of Mania and Psychosis During Hospitalization Using Automated Analysis of Face, Voice, and Language", *Schizophrenia Bulletin*, vol. 46, supl. 1, 2020, p. S177. DOI: 10.1093/schbul/sbaa030.423.

36 Observe que alguns desses sinais podem indicar um diagnóstico específico e não ser representativos da saúde emocional da pessoa em termos gerais. Por exemplo, um indivíduo alheio aos sinais sociais pode estar no espectro autista e comportamentos estranhos ou altamente idiossincráticos podem ser provocados pelo TOC (transtorno obsessivo-compulsivo).

20. QUANDO PRESTAR ATENÇÃO: ALERTA VERMELHO E INDÍCIOS PREOCUPANTES

1 SAMENOW, Stanton E. *Inside the Criminal Mind*. Nova York: Crown Publishers, 2004, p. 235.

2 Ibid., p. 239.

3 APPELBAUM, P. S. et al. "Violence and Delusions: Data From the MacArthur Violence Risk Assessment Study", *American Journal of Psychiatry*, vol. 157, n. 4, 2000, pp. 566-72. DOI: 10.1176/appi. ajp.157.4.566.

4 Ibid. Os homens respondem por 93% dos incidentes com armas de fogo no ambiente de trabalho.

5 WEINTRAUB, Walter. *Verbal Behavior in Everyday Life*. Nova York: Springer, 1989, p. 47.

6 Ibid.

7 Estatisticamente, mulheres são mais propensas a tentar suicídio do que homens, mas os homens têm até três vezes mais chances de serem bem-sucedidos em suas tentativas.

8 Em termos biológicos, nossa vulnerabilidade se deve em parte a células neurais especializadas, chamadas *neurônios-espelho*, que buscam sinais que sirvam de pistas para o que é considerado um comportamento adequado à situação. Os neurônios-espelho são responsáveis pela *doença psicogênica em massa* (anteriormente chamada de *histeria coletiva*). Uma pessoa com esse transtorno tem sintomas neurológicos – que variam de rompantes súbitos à paralisia – não relacionados com nenhuma condição neurológica conhecida e que se espalham por um

grupo coeso (como a turma de uma escola ou o setor de um escritório), sem nenhuma causa comum além da influência inconsciente das pessoas ao redor.

9 O termo *efeito Werther* foi cunhado por David P. Phillips. Ele escreve: "O aumento na taxa de suicídio não se deveu nem ao efeito das flutuações semanais ou mensais nas fatalidades em acidentes automobilísticos, nem aos feriados prolongados, nem às tendências lineares anuais, porque os efeitos foram corrigidos na seleção e no tratamento dos períodos de controle, aos quais os períodos experimentais foram comparados." PHILLIPS, D. P. "Suicide, Motor Vehicle Fatalities, and the Mass Media: Evidence Toward a Theory of Suggestion", *American Journal of Sociology*, vol. 84, n. 5, 1979, pp. 1150-74.

CONHEÇA ALGUNS DESTAQUES DE NOSSO CATÁLOGO

- Augusto Cury: *Você é insubstituível* (2,8 milhões de livros vendidos), *Nunca desista de seus sonhos* (2,7 milhões de livros vendidos) e *O médico da emoção*

- Dale Carnegie: *Como fazer amigos e influenciar pessoas* (16 milhões de livros vendidos) e *Como evitar preocupações e começar a viver*

- Brené Brown: *A coragem de ser imperfeito – Como aceitar a própria vulnerabilidade e vencer a vergonha* (600 mil livros vendidos)

- T. Harv Eker: *Os segredos da mente milionária* (2 milhões de livros vendidos)

- Gustavo Cerbasi: *Casais inteligentes enriquecem juntos* (1,2 milhão de livros vendidos) e *Como organizar sua vida financeira*

- Greg McKeown: *Essencialismo – A disciplinada busca por menos* (400 mil livros vendidos) e *Sem esforço – Torne mais fácil o que é mais importante*

- Haemin Sunim: *As coisas que você só vê quando desacelera* (450 mil livros vendidos) e *Amor pelas coisas imperfeitas*

- Ana Claudia Quintana Arantes: *A morte é um dia que vale a pena viver* (400 mil livros vendidos) e *Pra vida toda valer a pena viver*

- Ichiro Kishimi e Fumitake Koga: *A coragem de não agradar – Como se libertar da opinião dos outros* (200 mil livros vendidos)

- Simon Sinek: *Comece pelo porquê* (200 mil livros vendidos) e *O jogo infinito*

- Robert B. Cialdini: *As armas da persuasão* (350 mil livros vendidos)

- Eckhart Tolle: *O poder do agora* (1,2 milhão de livros vendidos)

- Edith Eva Eger: *A bailarina de Auschwitz* (600 mil livros vendidos)

- Cristina Núñez Pereira e Rafael R. Valcárcel: *Emocionário – Um guia lúdico para lidar com as emoções* (800 mil livros vendidos)

- Nizan Guanaes e Arthur Guerra: *Você aguenta ser feliz? – Como cuidar da saúde mental e física para ter qualidade de vida*

- Suhas Kshirsagar: *Mude seus horários, mude sua vida – Como usar o relógio biológico para perder peso, reduzir o estresse e ter mais saúde e energia*

sextante.com.br